新奇科学直播间
XINQI KEXUE ZHIBOJIAN

不可不知的超强纪录

张康 编著

浙江科学技术出版社

版权所有　侵权必究

图书在版编目(CIP)数据

不可不知的超强纪录/张康编著.—杭州：浙江科学技术出版社，2022.4
（新奇科学直播间）
ISBN 978-7-5739-0000-5

Ⅰ．①不… Ⅱ．①张… Ⅲ．①科学知识－青少年读物 Ⅳ．①Z228.2

中国版本图书馆CIP数据核字(2022)第052004号

新奇科学直播间
不可不知的超强纪录

编　著	张　康	印　刷	浙江全能工艺美术印刷有限公司
出版发行	浙江科学技术出版社	开　本	710×1000　1/16
	杭州市体育场路347号	印　张	7.5
	邮　编：310006	字　数	70 000
	办公室电话：0571-85176593	版　次	2022年4月第1版
	销售部电话：0571-85062597　85058048	印　次	2022年4月第1次印刷
	网　址：zjkxjscbs.tmall.com	书　号	ISBN 978-7-5739-0000-5
	E-mail：zkpress@zkpress.com	定　价	29.80元
设计排版	大米原创		

责任编辑　王雪冰　潘黎明　颜慧佳　　　责任校对　陈宇珊
　　　　　责任美编　金　晖　　　　　　　　　　责任印务　叶文炀

写在前面的话

"世界上最小的海在哪里?"

"月亮上有玉兔吗?"

"蒸汽机真的是瓦特发明的吗?"

"人类发现的最古老的乐器是什么?"

……

亲爱的小读者们,你们的脑袋里是不是也时常会冒出许多"为什么"?你们是不是总喜欢对新鲜事物刨根问底,一探究竟?如果是,那么恭喜你们,这说明你们对这个世界怀有强烈的好奇心。好奇心是促进人们不断探索、不断进取的动力,它可以使人们的梦想生根发芽,进而开出美丽的花。

当一个孩子不再对自己所生活的世界好奇时,并不意味着他长大成熟了,只能说明他的心

在慢慢地变老,他的精神花园在悄悄地衰败,这听起来多么可怕啊!所以,我们要学会对这个世界保持好奇,去探寻它所蕴含的神奇秘密。

这套书就是从"世界秘密海洋"中汲取出来的一勺水。它虽然量不大,但所展示的内容能让你大吃一惊。当你阅读这套图书时,你会看到那些不可思议的世界纪录,那些令人拍案叫绝的奇妙发明,那些值得永载人类史册的伟大瞬间,以及那些我们的祖国正在发生着的科技新变化……

这个世界真奇妙,而我们所知的又太少!面对这个每天都在上演奇迹和新历史的世界,我们唯有怀着好奇心和勇气去孜孜不倦地探索,才能真正地主宰未来。孩子们,出发吧!让我们一起从这里启程,去了解这个日新月异的世界。

目录

马尔马拉海：世界上最小的海 /1

小寨天坑：世界第一大"漏斗" /9

杏仁桉：世界上最高的被子植物 /17

"人体银行"：世界上最奇特的"银行" /26

长城：世界上最长的城墙 /34

秦始皇陵：世界上最大的地下陵墓 /42

0：最不可或缺的数字 /51

悬空寺：世界上最精巧的设计 /59

骨笛：世界上最古老的乐器 /67

管风琴：世界上最大的乐器 /77

毕加索：世界上最具探索精神的画家 /86

库利南：世界上最大的宝石级金刚石 /96

珠穆朗玛峰：最高峰有了新身高 /105

马尔马拉海：
世界上最小的海

说起海洋，相信很多人会不由自主地联想到"一望无际""浩瀚无垠"等词，似乎这些词就是特地为海洋准备的。常言道："龙生九子，子子不同。"其实海洋也一样，它们中的大多数浩瀚辽阔、漫无边际，但其中也有"海中的小不点儿"，甚至当人们在海面中央航行时，能清楚地看到周边海岸的风光。今天的主角便是当前世界上最小的海——马尔马拉海。

马尔马拉海位于亚洲小亚细亚半岛和欧洲巴尔干半岛之间，是土耳其的内海。它东西长约270千米，南北宽约70千米，平面轮廓呈椭圆形。如果你是一位橄榄球运动爱好者，就会发现马尔马拉海的鸟瞰图酷似一个橄榄球，只不过这个橄榄球是水做的罢了。

据相关资料显示,马尔马拉海当前的水域面积约1.1万平方千米。这个数字听起来好像很大,但是你知道吗?目前世界上最大的淡水湖(苏必利尔湖)的水域面积已经超过8万平方千米了。也就是说,七个马尔马拉海还没有一个苏必利尔湖的面积大。由此可见,马尔马拉海被称为"世界上最小的海"真是名副其实呢!

这个"小家伙"是如何形成的呢?要想了解这一点,我们还得从马尔马拉海的地理构造说起。马尔马拉海是由于地壳板块运动,欧亚大陆之间的地层发生陷落下沉而形成的。科学家们经过多年研究发现,马尔马拉海非常"年轻",自其诞生至今仅约100万年。换句话说,也许当最早的人类出现在地球上时,这片海域还没有出现呢!

也正是由于上述原因，马尔马拉海至今仍是世界上地震多发地带之一，周边还分布着很多火山。不过，这并不妨碍人们在这片海域周边建造城镇，海中的很多岛屿还被当地人开发成了旅游胜地。

与很多人的名字都有来由一样，马尔马拉海的名字也不是随随便便起的噢！据说，这个世界上最小的海是因海中的一座岛而得名的，这座岛的名字就叫马尔马拉。那么，"马尔马拉"到底是什么意思呢？如果你有机会翻看希腊词典的话，就会发现这个词汇在希腊语中指的是大理石。原来，这座岛屿因盛产大理石而被命名为马尔马拉岛，而后这座岛所在的海域得名"马尔马拉海"。

马尔马拉海虽然水域面积不大,但储水量惊人,平均水深达数百米。说到这里,可能很多人会觉得,既然马尔马拉海的水量如此丰富,又与中国的渤海一样属于内海,那这片海里肯定生活着大量的海洋生物了?然而,事实恰恰相反,海洋生物似乎不太买马尔马拉海的账。究其原因,主要在于它有一个"贪婪"的邻居——地中海。

地中海四周几乎都是陆地,这在很大程度上阻碍了地中海附近海域的海洋环流,使得海洋生物赖以生存的氧气和养料被严重阻隔。这样一来,某些海洋生物只能对马尔马拉海这片海域避而远之了,毕竟谁都不太愿意到"吃不饱穿不暖"的地方生活。

另外,马尔马拉海还是一个特爱搞恶作剧的"家伙"!一般来说,面积较小的海域不会有巨大的风浪,但马尔马拉海偏偏要"反其道而行"。当船只航行在马尔马拉海海面时,它就像一个顽皮的孩子,用凛冽的狂风和汹涌的海浪不断袭击过往船只。海浪扑上船头,向船身劈头盖脸地泼去。如果你恰巧待在船舱外面,准会被泼得全身湿透。

可你还没来得及抱怨这坏天气,转眼间它又把狂风和海浪收了起来,海面归于平静,风和日丽得好像刚刚什么都没发生过似的。这样"善变"的天气，真是让人哭笑不得。没办法，谁让马尔马拉海这个"小家伙"是个十足的"捣蛋鬼"呢！

不过，与生活中那些令人避之不及的"捣蛋鬼"不同，马尔马拉海倒是抢手得很！在过去很长一段时间里，它都是"兵家必争之地"。为什么这么说呢？当然是因为它具有极高的军事战略地位了。如果你查看一下这片海域所在的地理位置，就会发现它东北通黑海，西南通爱琴海，是黑海—地中海—大西洋的必经之地，也是欧、亚两大洲的天然分界线。

毫不夸张地说，一旦有人将马尔马拉海封锁掉，黑海就会立即没了出海口，彻底沦为一个"湖"。为了争夺马尔马拉海这个军事要地，周边一些国家和地区，包括世界上有影响力的海洋强国之间曾大打出手。毕竟如此重要的海，谁不想"收入囊中"呢？

中世纪晚期的君士坦丁堡战役是世界历史上一次令人印象深刻的战役。15世纪初期,有1000多年历史的拜占庭帝国(东罗马帝国),虽然在国力上已异常衰弱,但表面上还能正常运作,它的都城君士坦丁堡更是以地理位置险要、防御工事完善而被认为"固若金汤"。不过,随着周边奥斯曼帝国(土耳其人建立的帝国)的崛起,到了15世纪中叶,东罗马帝国的领土已经被蚕食得只剩下君士坦丁堡及其附近若干城市,以及被奥斯曼帝国切断了联系的伯罗奔尼撒半岛。换句话说,那时的君士坦丁堡实际上已经是一座孤城。1453年,君士坦丁堡被奥斯曼大军攻陷,延续了上千年的东罗马帝国至此灭亡,马尔马拉海也因此换了新主人。

总之,无论是从人文历史方面,还是从自然风光方面来看,马尔马拉海这个世界上最小的海都值得你去看一看。

延伸阅读

"脾气"古怪的海

别看马尔马拉海"个头"不大,它的"脾气"可不小,甚至有些古怪,让人摸不着头脑!

众所周知,世界上大部分地区的气候都是夏季湿润多雨,冬季干燥少雨,而这里的情况正好相反。马尔马拉海全年的降水量为300~1000毫米,其中一半以上的雨水集中在冬季。

由此可见,这里冬天的雨水要比夏天多得多。较冷的气温加上频繁的雨水,光是想想就让人直打哆嗦呢!

不过,这种独特的气候对于当地居民来说并不完全是坏事。冬暖多雨、夏热干燥,马尔马拉海的蒸发作用十分明显,而这对当地盐业生产非常有利。所以,制盐业成了该海沿岸居民的一项重要经济活动。

海滨城市里的"明珠"

如今,马尔马拉海周边坐落着许多城市,其中最著名、规模最大的当属伊斯坦布尔。它既是土耳其的经济、文化、交通中心,又是当前地跨欧、亚两大洲的现代化国际大都市,同时也是世界著名的旅游胜地。

可能很多人对伊斯坦布尔这个名字不一定熟悉,但它曾经的名字你肯定有所耳闻,因为这座城市就是昔日东罗马帝国时代鼎鼎有名的君士坦丁堡。

伊斯坦布尔被马尔马拉海及博斯普鲁斯海峡天然地划分成了两部分,一部分位于欧洲,另一部分位于亚洲。以前,人们要想从伊斯坦布尔的欧洲区前往亚洲区,或者从亚洲区前往欧洲区,只有乘坐轮渡和过跨海大桥两种选择。但是,随着世界上第一条跨越欧亚大陆的海底铁路隧道——马尔马拉海海底隧道在2013年10月正式开通后,人们便多了一个选择。

小寨天坑：
世界第一大"漏斗"

大自然可以说是世界上最伟大的"艺术家"，许多鬼斧神工的自然景观都是大自然创作的。例如，世界上最美丽的"桥"——彩虹；世界上最炫目的"烟花"——极光；世界上真正的"巨人"——珠穆朗玛峰……

当然，除了这些"高大上"的作品之外，这位不拘一格的"艺术家"还曾创作过许多"接地气"的地质奇观，小寨天坑便是其中之一。

小寨天坑位于中国著名的"山城"重庆市，具体位置在奉节县兴隆镇小寨村。看到这里，估计很多人会恍然大悟，怪不得它的名字中有"小寨"二字。

不过，在被正式命名为"天坑"前，小寨天坑还曾拥有过其他名字，比如"石围""石院""龙缸"等，可是为什么最后这些名字都被淘汰了呢？答案很简单，因为它们都不够形象，不能准确地描述小寨天坑的特点。说到这里，我们得先介绍一下它的大致模样，不然很多小伙伴们可能会把它想象成地球表面的一个大窟窿。

从天空鸟瞰，小寨天坑仿佛大地的一张巨嘴，这张嘴深度惊人（坑口到坑底的纵深超过600米）。如果有"透视眼"的话，你从侧面观察就会发现，这个天坑上大下小，形状酷似一只漏斗，只不过此"漏斗"的个头大得惊人。

这个"漏斗"到底有多大呢？对此曾经有人专门测算过，最后得出的结果是小寨天坑的容积大约为1.2亿立方米，说它是世界上最大的"漏斗"，一点都不为过！

小寨天坑吸引了一批又一批的人前去科考和探险，今天它还被开发成了著名的旅游景点，吸引着众多游客去一探大自然的鬼斧神工。

如果你想深入小寨天坑，可以从其东北方向出发，因为那里的坑壁上有一条盘旋环绕的羊肠小道，直至坑底。另外，整个坑壁分布着两级台地，其中一级位于天坑的300米深处，那里还建有几间供游客休息的房屋；另一级台地位于400米深处，呈斜坡状，坡地上草木丛生、野花烂漫。

据说，每逢雨季，坑壁的某些位置还会有悬泉飞泻。此时，如果站在坑口往下看，只见百丈绝壁直插地下，深不见底，令人目眩。

到了天坑底部，你会看见一条水流很大的地下河，旁边建有一个圆形的观景台，那里便是观赏小寨天坑坑口的最佳地点。人们若在此仰望天空，就会发现四周皆被山体遮挡，只能看到正上方的那一小片蓝天。观赏者将会真真切切地体验一番什么是"坐井观天"。

面对小寨天坑这一地质奇观，人们在惊叹大自然鬼斧神

工的同时,往往会产生一个疑问:规模如此巨大的天坑到底是如何形成的呢?

起初,关于小寨天坑的成因可谓众说纷纭,有的人甚至认为小寨天坑是外星人留在地球上的废弃基地。后来,渐渐演变成两种学说——陨石撞击说和地陷形成说。持陨石撞击说观点的人认为这个天坑是因数亿年前陨石撞击地球而形成的;持另一种观点的人认为小寨天坑与其他常见天坑一样,是因为岩层塌陷才出现的。

为了揭开小寨天坑的形成之谜,很多地质学家纷纷前往小寨天坑进行实地考察。经过多年分析研究,地陷形成说逐渐得到科学界的普遍认可。

这种学说给出的具体解释为：小寨天坑地下有着丰富的碳酸盐岩层（可溶岩的一种），而地下河又在不断地冲击着这些岩层，时间一长便引起了岩层塌陷，最终形成了现在的地质奇观。

科学家们还发现，小寨天坑所在的奉节天坑群也是因岩层坍塌而形成的，这类天坑的地下河往往都是"通过式"的。

简单来说，这些河水在可溶岩中流淌，仿佛穿冰糖葫芦的那根竹签，连起了一个个天坑。你一定没想到，世界上还存在着如此巨大的"糖葫芦"吧？可惜的是，这个"糖葫芦"只能看不能吃。

小寨天坑被选入我国首批《中国国家自然遗产、国家自然与文化双遗产预备名录》。然而，"人红是非多"，就在小寨天坑名声大噪之时，一场与其相关的争论也在激烈地开展。有人提出，如果单从容积方面来看，小寨天坑并不是世界上最大的天坑，因为马来西亚的伊甸园漏斗的容积达到了1.5亿立方米。与其相比，小寨天坑并不占优势。

有趣的是，正当人们争论小寨天坑和伊甸园漏斗谁才是"天坑老大"时，事情的发展突然出现了转折。因为有地质专家指出，伊甸园漏斗严格意义上并不是一个完全的天坑。具体依据是，它的深度与宽度的比值太小了，剖面更接近碟状，而不是典型的碗形或漏斗形。

就这样，在这场"天坑老大"的争夺战中，小寨天坑便戏剧性地胜出了，戴上了"最大"的皇冠。

另外，从植被覆盖率方面来说，小寨天坑是一个绝对的绿色天坑。此处空气清新，人们行走间还能时不时地听到几声鸟鸣。如果你在春天前往这里，说不定还能见到"月出惊山鸟，时鸣春涧中"的唯美场景呢！

怎么样？想不到小寨天坑有着如此神秘而有趣的地质奇观吧？小寨天坑是长江三峡成因的"活化石"，更是当今世界洞穴奇观之一。说了这么多，难道你不想赶紧探索一番天坑吗？

延伸阅读

宝藏天坑

小寨天坑作为"天下第一坑",其地理地貌复杂得令人难以想象。天坑里面除了分布着众多暗河之外,还有无数大大小小的洞穴,它们有的宽敞如厅,有的则逼仄如巷。

更不可思议的是,在一些奇绝险峻处还存在着很多洞穴群,这些洞穴群曾吸引各国探险家前去实地探险考察,但即便如此,人类至今仍未能完全掌握天坑中众多洞穴的情况。这些洞穴互相连通,错综复杂,组成了一个巨大的迷宫,被很多游客认为是世界上一流的"魔幻式"洞穴群。

另外,由于小寨天坑地理环境特殊,再加上过去长时间以来人迹罕至,这里成了一个天然的资源宝库,里面孕育着许多珍奇的生物,甚至还有国家级珍稀保护动物。当然,我们想要见到它们并不容易。

天坑也爱"扎堆"

中国不仅拥有世界上最大的天坑,而且还分布着许多世界级天坑群。你没有听错,天坑这种特殊的地质景观也喜欢"扎堆"。

例如,继大石围天坑群、汉中天坑群后,中国科研工作者于2019年在广西西南边境发现一个大型天坑群——那坡天坑群。

初步探测显示,这个天坑群由十几个天坑组成,是已知北回归线以南发现的最大天坑群。这些天坑容积均在百万立方米以上,保存着完好的原始植被群落和类型众多的岩溶地质遗迹,具有很高的科学研究和旅游开发价值。

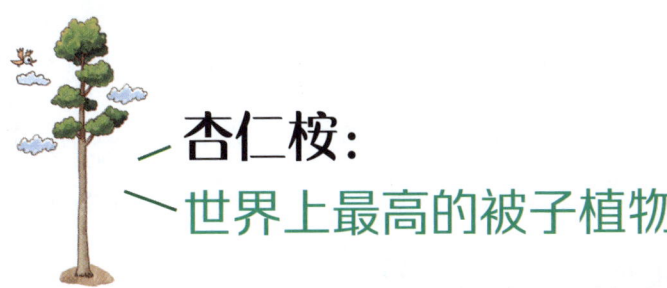

杏仁桉：
世界上最高的被子植物

估计很多小伙伴都曾经想过这样一个问题：在植物王国里，哪种树木的个头最高呢？是高大的梧桐树、笔直的白杨，还是直指云天的青松？

如果大家对世界吉尼斯纪录有所了解的话，可能会知道当前世界上最高的一棵活树是位于美国加利福尼亚州、高约116米、名为"亥伯龙神"的红杉。

不过，如果仅凭此就贸然断定这棵红杉是世界上最高的树，可能很多人会不服气，因为有文字记录表明，人们曾在澳大利亚发现过高达130多米，甚至150多米的杏仁桉。

这些文字记录虽然在现今通常被认为不太可信，但是在

1881年，确实有人砍伐过一棵高度超过110米的杏仁桉。即便是从现存的活树高度资料来看，世界上也不乏高达100米左右的杏仁桉。也就是说，杏仁桉家族中完全有可能出现过高度超过红杉"亥伯龙神"的成员。

这下子可难办了，因为无论将"世界最高树种"的桂冠给谁，都会引起争议。最后，人们不得不想了一个两全其美的解决方法。

原来，红杉和杏仁桉虽然都属于种子植物，但细分的话，它们一个是裸子植物（红杉种子裸露着，没有果皮包被），另一个是被子植物（杏仁桉的种子有果皮包被）。所以，我们可以确切地说，红杉是世界上最高的裸子植物，而杏仁桉是世界上最高的被子植物。

事实上，在植物界，杏仁桉早就因其惊人的"身高"而引人注目，曾一度被誉为"树木世界里的最高塔"。它那动辄百米的树干可以轻轻松松超过人类建造的三四十层楼高。如果有一只小鸟站在杏仁桉树顶鸣叫，可能人们在树下既看不清小鸟，也听不见它的叫声。

不过,大家千万不要因为杏仁桉个头高,就把它当作"四肢发达,头脑简单"的生物,其实在植物界里,它还是挺聪明的。你看,它的树干没有什么枝杈,笔直向上,逐渐变细,到了顶端,才生长出枝叶,这种树形有利于避免风的摧残。

除了在树干上下功夫之外,杏仁桉的叶子也很特殊。如果你经常观察树木的话,应该知道大多数树的叶子都是表面向阳生长,而杏仁桉的叶子是侧面向阳生长,叶面与阳光的投射方向平行。

杏仁桉的树叶为什么要长成这样呢?科学家们经过研究发现,它的这种古怪的"长相"其实是为了适应干燥的环境,减少阳光的直射，以尽量减少水分蒸发。看来，要在多变的自然环境中生存下去，不动点"脑子"还真不行啊！

虽然人们常说"大树底下好乘凉"，但这句话并不适用于杏仁桉，因为在它高大的身躯下几乎不存在什么阴影，所以大家就不要指望杏仁桉能为自己遮蔽阳光啦！

这到底是怎么回事呢？原来，杏仁桉的树叶细长弯曲，而且叶面与日光投射的方向平行，犹如垂挂在树杈上一样。

这样一来，阳光都从树叶的缝隙处倾泻下来了。也正是因为它们具有不遮阴的特点，杏仁桉树林才多了一个绰号——"无影森林"。

很多人在见到杏仁桉时，除了感叹它那参天的躯干外，往往还会产生一个疑问：植物也是一种生物，而生物要想生存就必然离不开水，如此高大的杏仁桉是靠什么力量把水运输到一百多米的高度呢?

要想解开这个疑问,就不得不说一说杏仁桉的根了。从外表来看,杏仁桉树基部长得异常粗大,这意味着它的树根在土壤中扎得又深又广,可以覆盖直径二三十米的土地面积。

这些发达的根系不仅能为树干提供巨大的吸水量,而且能产生足够的根压。根主动吸水,并把水导向上端,促使水分到达叶,乃至整棵杏仁桉。

除了树根在下面为水分提供有力的向上推力之外,杏仁桉那些长有枝叶的顶端还会提供额外的拉力。具体来说,就是那些伸展在空中的叶子为了生存会不断地散失水分,当失水到某种程度时便会向枝条吸水,间接地向根部吸水。

这就好比杏仁桉的每片叶子里都安装着一个迷你"抽水机",它们会合起伙来将水从百米以下的地方抽上来。这些"抽水机"所起的作用被称为"蒸腾拉力",这种拉力可达十几个大气压,比人们日常所用的抽水机的抽力还强许多倍。

总之,正是靠着这"一推一拉"的动力,杏仁桉才得以将水分源源不断地输送到一百多米的高处。

另外,这种树木不仅吸水量大,而且水分蒸发量也很惊人。杏仁桉耗水量那么大,为什么还有人愿意专门种植此类树木呢？众所周知，在沼泽地区，蚊子很多，这些讨厌的家伙飞来飞去，会将自身携带的病毒传染给人类，一些沼泽地区多发疟疾就与蚊子有关。杏仁桉可是蚊子的天敌呢！当然，这并不意味着杏仁桉会吃蚊子，而是因为它会用另一种方式对付蚊子。

原来，居住在沼泽地区的居民们发现杏仁桉具有"抽水"这一特性后，常常会在沼泽边大量种植这种树木来消耗沼泽里的水。一旦沼泽里的水量减少，逐渐变干，蚊子便失去了繁殖的环境，就不能为所欲为啦！正因为杏仁桉的"曲线"灭蚊策略，确实帮助人们减少了疟疾的传播，所以当地人亲切地称它为"防疟树"。

与很多树种一样，杏仁桉具有很高的经济价值和药用价值。它的主干可以作为木舟、木车、电杆等的原材料使用，并且还能从树木中提炼出人们所需的鞣料或树胶。即便是杏仁桉的枝叶，人们也能通过特殊方法从中炼制出桉树油，将桉树油经过再加工后广泛用于医药、配制牙膏香精等。从某种程度上来说，杏仁桉浑身上下都是宝，所以很多地方的人们都乐意栽种此树。

近年来，在中国的木材市场上，一种名为瑞格楠木的硬木广受人们青睐,甚至很多人将其视为高贵的楠木。其实,瑞格楠只是英文Eucalyptus Regnans后半段的音译,按意译就是"杏仁桉"。

也就是说,瑞格楠木虽然名字中带有一个"楠"字,但其本质上属于桉木。只不过,由于这种木料在制作工艺上严谨考究,出材率较低,所以其价格昂贵,有的甚至与真正的楠木不相上下。

说到这里,可能有的人会疑惑,杏仁桉不是典型的速生树种吗?既然长得那么快,为什么木材产量不高?事实上,杏仁桉的木材产量并不低,但高质量的木材必须经过长时间的"酝酿"才行。

例如,种植在某些地区的杏仁桉虽然只需10年左右就可成材,然后进入砍伐期,但这种木材只适合做纸浆或者胶合板的芯材。至于高端硬木则需要砍伐生长70年以上的杏仁桉才能获得。

不过,任何事物都具有两面性,杏仁桉的速生特点使其在让自己短短几年就成材的同时,也会给所生长的土地造成一定的负担。

原来,杏仁桉之所以长得快,是因为它"吃"得多,这意味着在它快速生长过程中对土壤肥力、水分的消耗很大,如果采伐周期又很短,这将不利于涵养水源、保护植被。

因此,为了追求经济效益,而不顾当地的土壤条件贸然种植杏仁桉,是非常不可取的。毕竟只有遵循自然规律,坚持"适地适树"原则,才能让它更好地发挥生态作用。

杏仁桉作为植物界的"瘦高个",在地球上不知已经存在了多少年。随着人们对杏仁桉的研究越来越深入,其特殊的本领也开始一一显现,说不定在未来,这种世界上最高的被子植物会给我们带来额外的惊喜。至于具体的惊喜是什么,就请大家一起拭目以待吧!

"巨人"之子

别看杏仁桉是植物界的"巨人",其种子却异常细小。那到底有多小呢?这么说吧,一粒杏仁桉种子只有1~2毫米,20粒种子合在一起才有一粒米大。

不过,杏仁桉生长极快,是世界上生长速度最快的树种之一。如果环境条件适宜,它们通常只需五六年就能长成10多米高、直径40多厘米的大树。如此惊人的生长速度,难怪杏仁桉家族会成员繁盛呢!

"人体银行"：世界上最奇特的"银行"

生活中，当某个贵重物品（比如手机）的零件出现损坏时，人们一般不会将其抛弃，而是选择给它换一个正常的零件。同理，当一个人的身体器官出现损伤或严重病变（已没有修复的可能）时，可以用一个正常的器官把病变的器官替

换掉，这在医学上通常被称为器官移植。

器官移植是人类的一个古老梦想，早在2000多年前的春秋战国时期，中国就流传着"神医"扁鹊为病人换心的故事。不过，器官移植从古老的传说变成现实经历了极其漫长的过程。直到1954年，美国波士顿的医学专家哈特韦尔·哈里森和约瑟夫·默里才第一次成功地完成了人体器官移植手术——肾移植手术。从此，人类迎来了器官移植的新时代。

随着医学技术的不断发展，成功的器官移植案例越来越多。1989年12月3日，世界首例肝心肾多器官移植手术获得成功。这一天，美国匹兹堡大学的器官移植专家经过20多个小时的努力，顺利地为一位名叫辛迪·马丁的妇女患者进行了世界首例肝脏、心脏和肾脏多器官移植手术。马丁之前曾做过心脏移植手术，这是她第二次接受移植手术治疗，令人高兴的是手术后情况正常。

器官移植的可行性曾让一些医学家们萌生了一个大胆的设想：如果开设一家"人体银行"，专门储备富有生命活力的人体器官，以备不时之需，那该有多好啊！

起初，这种设想被大多数人视为痴人说梦，甚至一些专业人士也认为"人体银行"不可能出现。但是，科技的发展速度有时候快得让人难以想象,这不,刚进入21世纪,各式各样的"人体银行"便在很多国家相继出现了。

例如,德国的"眼球银行",可提供国内外眼科医生做眼角膜移植手术时所需的眼角膜;美国的"肾脏银行"和"细胞银行",前者专为需要替换肾脏的人提供健康的肾脏,后者则冷冻储备了大量的人体细胞和动物细胞,供专门从事细胞研究的科学家使用;澳大利亚的"头发银行",专门为

严重脱发的人移植使用；还有"皮肤银行""耳朵银行""血管银行""手指银行"……

中国也建立了一些"人体银行"，可为人们提供牙髓干细胞、脂肪干细胞、胎盘间充质干细胞等细胞存储服务。在未来，当有疾病或者其他健康需求时，这些细胞便可被提取出来为储存者或者他人提供帮助。

除此之外，"人体银行"还可依托内部储存的大规模、高质量、规范化的生物样本资源，为科研机构提供样品收集及存储、组学数据获得等服务。

众所周知，一家银行要想正常运营，其内部必须储存一定量的现金，而"人体银行"要想发挥真正的作用，里面也必须储备一定量的可用器官。

"人体银行"中储备的由人们自愿捐献的器官无法完全满足实际需要。时至今日，全世界依然每天都会有大量病人因为找不到合适的替代器官而死亡。为此，科学家们纷纷寻求其他途径来解决备用器官供不应求的问题。一些科学家将目光转向了动物。

事实上，医学工作者们很早就尝试过将动物器官移植给有需要的人，其中最广为人知的恐怕要数在女婴菲伊身上进行的器官移植了。

1984年10月14日，在美国一家医院里，伴随着"哇哇"的哭声，一名女婴来到了人世，她便是菲伊。菲伊长相可人，一出生就深受周围人的喜爱，但是人们万万没想到这个可爱的"小天使"刚出生没多久，就被无情地判了"死刑"。

原来，菲伊被医生检查出左心室先天性发育不全，最多只能活几周。这一消息对于菲伊的家人来说，无异于晴天霹雳，她的妈妈更是当场崩溃。那个时候，器官移植技术虽然已经诞生，但成功率并不高，最要命的是上哪儿去找适合菲伊的心脏，毕竟她还只是个刚出生不久的婴儿。

鉴于短时间内根本找不到合适的人体匹配心脏，菲伊的主治医生只得给出了一个"死马当作活马医"的方案，即先移植一颗小狒狒心脏，待找到合适的人类的心脏后再进行二次移植。让自己的女儿舍弃人心而换用一颗狒狒心脏，这对于大部分人来说是难以接受的。不过为了抓住这最后一根"救命稻草"，菲伊的家人还是同意了医生的方案。

当时，这个跨越物种的器官移植手术在世界上引起了巨大轰动，其成功与否都将载入医学史册。于是，在经过一番精心准备后，医生们为菲伊移植了一颗小狒狒心脏，遗憾的是这颗心脏只在小菲伊体内跳动了21天，之后便因排斥反应而致使菲伊离世。

的确，器官移植并不像人们想象的那么容易，它可能会给接受器官移植的病人带来一系列的并发症，其中最严重的就是排斥反应。人体的免疫功能会对进入体内的外来"非己"组织器官加以识别、控制、摧毁和消灭。

虽然小菲伊的器官移植手术失败了，但在人类医学发展史上依然有着里程碑的意义，它使得异种移植（将动物器官移植到人体内）成为可能。后来，各国医学工作者经过多番尝试，发现猪的心脏最适合移植到人体内，无论从解剖学还是生理学指标上，它都与人类的心脏较为接近。

另外，随着基因编辑技术的出现，人们可以在一定程度上设计、修饰猪的心脏，这意味着异种移植的排斥反应将有可能被避免。2014年5月，美国科学家曾宣布，一只狒狒在移植猪的心脏后存活了一年多。

除了通过扩大捐献者范围来增加"人体银行"器官储备量之外，科学家们还在积极研制各种各样的人造器官。所谓人造器官，一般是指用特殊材料和技术制作的部分或全部替代人体自然器官功能的机械装置或电子装置。

经过多年发展,现在的人造器官已经衍生出了一个"大家族",其中的人造皮肤、人造血管、人造心脏等还被应用到了临床。资料显示,很多人都因此延续了自己的生命。

常言道"罗马不是一日建成的","人体银行"也一样。"人体银行"从设想到真正建立,用了数十年,而从建立到真正有效地发挥作用,又需要极其漫长的时间。

人造器官新方法

近年来,随着3D打印技术的出现,人造器官向前迈出了一大步。3D打印是一种新兴技术,在打印过程中,特殊的打印机将逐层打印器官细胞和血管内壁细胞,在打印了大约20层后,这些细胞就形成了一个坚实的实体器官,从而起到替代人体组织的作用。

2019年1月,美国加州大学的科研人员利用快速3D打印技术,成功制造出了模仿中枢神经系统结构的脊髓支架,让试验老鼠重获运动能力。

同年4月,又有科学家借助3D打印技术成功设计并"打印"了全球第一个拥有细胞、血管、心房和心室的完整心脏。

当然,在功能方面,3D打印技术制作的器官还无法与真正的器官相提并论,但随着科技不断进步,也许未来的医生仅需站在3D打印机旁按一下开关,就能得到功能完备的人造器官。

长城：
世界上最长的城墙

"我们都有一个家，名字叫中国。兄弟姐妹都很多，景色也不错。家里盘着两条龙，是长江与黄河呀……"这首名为《大中国》的歌曲在中华大地上广为传唱，里面的歌词更是脍炙人口。

实际上，除了长江与黄河这两条流动的"巨龙"外，中国辽阔的土地上还

蜿蜒盘旋着一条稳固、墩实的"巨龙",它便是翻越巍巍群山、穿过茫茫草原、跨过浩瀚沙漠、奔向苍茫大海的长城。

长城是中国古代伟大的军事性防御工程,其大规模修筑最早始于春秋战国时期。众所周知,那时的周朝已经礼崩乐坏,各诸侯国之间更是征伐不断。其中,一些有实力的诸侯国为了满足自身的防守需要便在边境上修筑起了城墙。例如,楚国为了防止郑、秦等诸侯国入侵,就曾在濒临汉水的北方边塞上修筑过数段长城,即历史上赫赫有名的"楚方城"。另外,由于秦、赵、燕三国与北方强大的游牧民族匈奴毗邻,为了防范匈奴的袭击和掳掠,这三个诸侯国又不约而同地在自己的北方修筑了一些"拒胡长城"。

看到这里,有些小伙伴可能已经发现,先秦时期的长城是分段排列的,并且朝向也不尽相同。没错,如果根据防御对象来划分的话,那时的长城可分为北长城和南长城,其中北长城主要是为了防范北方游牧民族南下侵扰,南长城则是当时诸侯国之间的"互防长城"。

公元前221年,秦始皇统一天下,建立了中国历史上第一个统一的多民族的中央集权制国家。如此一来,昔日的南长城便没有了继续存在的必要,于是秦始皇就下令拆除了原先诸侯国之间的互防长城。至于北边的长城,秦帝国则在原先的基础上加以修缮、连缀和增扩,最终筑起了西起临洮(今甘肃岷县)、东至辽东(今辽宁省)、蜿蜒一万余里的万里长城。

据史料记载,秦帝国为了修筑万里长城,耗费了大量的人力物力。单是秦始皇称帝后召集修筑长城的劳动力就有近百万。要知道,当时可没有任何机械协助,除运土、运砖可以用毛驴、马等牲畜外,其他劳动都得依靠人力,而工作环境又是崇山峻岭、峭壁深壑。可以想见,如果没有大量的人力进行艰苦的劳动是无法完成这项巨大工程的。

秦王朝覆灭后,长城的修筑工作并没有因此而停止。事实上,自秦朝开始一直到明代,历朝历代都曾在前人的基础上增修过长城。除了秦朝外,修筑长城超过5000千米的王朝还有汉朝和明朝。

据历史文献记载与测量,汉朝修筑的西起今新疆、东至辽东的内外长城和烽燧亭障,全长有一万多千米。明朝修筑的长城则西起嘉峪关,东至鸭绿江畔,全长8851.8千米。因此,长城完全称得上是世界上最长的城墙。

不过,如果大家只把长城视为一道单独的城墙的话,那可太小看它了。严格来讲,长城是由城墙、关城、墩堡、卫所、烽火台等多种防御工事组成的一个完整的防御工程体系。并且,修筑这个防御工程体系时还必须遵循一条重要原则,即《史记》中记载的"筑长城,因地形,用险制塞",也就是说修筑长城时要利用当地的地理形势,选择易守难攻的地方设置关城和隘口。这样做不仅可以达到"一夫当关,万夫莫开"的防御效

果，还能最大程度地节约人力和材料。例如，在某些有悬崖峭壁的地段，人们只需把崖壁稍微修整一下，一段"长城"就很快筑造完成了。还有一些地方则完全利用危崖绝壁、江河湖泊作为天然屏障以抵御入侵者，保卫家园。

长城在古代起到巨大防御作用的同时，也对中华传统文化产生了深远的影响，甚至还诞生了许多与其相关的传说和故事，其中最广为流传的便是被誉为中国民间四大爱情故事之一的"孟姜女哭长城"。

相传，孟姜女是秦王朝时期的一名年轻女子，她与范喜良新婚不久，丈夫便被一群官兵抓往北疆去修筑长城了。当时，去修筑长城对于普通百姓来说，几乎是九死一生。孟姜女眼睁睁地看着自己的夫君跳进火坑，心里别提有多难受，但是她一个弱女子也只能默默接受这一现实。

转眼间，丈夫北上修筑长城已经好几个月了，没有传回来一丁点儿音信。孟姜女在家里因想念丈夫，整日茶不思、饭不想，身体也逐渐消瘦。见天气变凉，她想着夫君在北方修筑长城无衣御寒，便决定做几件寒衣亲自送去。

一路上，孟姜女风餐露宿，不知吃了多少苦头，终于在寒冬来临之前赶到了长城脚下。可眼前修筑长城的征夫足足有数万人，到哪里才能找到自己的丈夫呢？孟姜女顾不上多想，她逢人便打听，可始终得不到确切的消息。

正当她焦急万分时，一队正要上工的征夫从她身旁经过，孟姜女赶紧上前询问，其中有一个征夫告诉了她一个不幸的消息——她的丈夫早已经累倒病死了，连尸首也埋在城墙里了。突如其来的噩耗对孟姜女来说几乎是晴天霹雳，她眼前一黑，昏了过去。

过了好久，孟姜女才清醒过来，她根据征夫的指点来到一段长城下，手抚城墙，一连哭了几天几夜。也许是孟姜女凄惨的哭声感动了天地，突然大风四起，只听到"轰隆隆"一阵巨响，她面前的那段长城竟然崩塌了，范喜良的尸首显露了出来。

从此，孟姜女千里寻夫哭倒长城的故事传遍了大江南北，人们听后无不感叹她的贞烈。由于她千里寻夫的目的是送寒衣且哭倒长城的时间是在初冬，后人为了纪念此事就将农历十月初一这天称为"寒衣节"。

现如今，随着时间的流逝，早期各朝代修筑的长城大多已经残缺不全，唯有明代修建的长城保存得还算完整。现代人所谈及的长城，一般指的就是明长城，其中最具代表性的一段便是位于北京市延庆区的八达岭长城。

在明朝，那里是居庸关的重要前哨，也是都城的重要屏障，曾被称作"玉关天堑"，现在则已经变成了世界著名的旅游景点。1987年，长城被联合国教科文组织列入《世界文化遗产名录》。

时间无痕，长城有形。作为军事防御系统，长城早已失去了往昔的作用，但是这并不妨碍它成为一项伟大的工程。即便将长城放到世界历史上来看，它也完全称得上是一个了不起的奇迹。

长城见证了中华民族悠久的历史，反映了中国古代劳动人民的坚强毅力与聪明才智。从某种程度上来说，它不仅是中华民族的象征，也是人类文明的象征。

延伸阅读

长城也是"大明星"

俗话说:"不到长城非好汉"。长城不仅令中国人难以抗拒,想看看自己是不是真正的好汉,不少外国友人也跃跃欲试!

自北京八达岭长城作为游览区域向游客开放后,已有很多来中国访问的外国元首和政府首脑开启过自己的"长城之旅"。并且按照惯例,外国领导人游览长城后,还会收到一份"登城"证书以作纪念呢!

外国也有长城

长城并不是中国独有的建筑形式,别的国家也曾修建过长长的城墙用以抵御外敌入侵,只不过它们都没有中国的长城那么雄伟绵长。如英国的哈德良长城与安敦尼长城。此外,蒙古、印度和澳大利亚等国家也都有长城,看来,长城也是一个"大家族"呢!

秦始皇陵：
世界上最大的地下陵墓

众所周知，秦始皇是一位举世闻名的帝王，然而，即便是这样一位震烁古今的人物，依然没能摆脱历史的局限性，痴迷于鬼神之事，甚至还一度派人到海外寻求所谓的"长生不老药"。

难道秦始皇真的一点儿都不担心自己去世后的事情吗？当然不是。事实上，他在拼命追求长生不老的同时，也在积极建造自己的陵墓。据史料记载，秦始皇即位第二年就开始营建陵墓了，那时他还只是一位十几岁的少年。

与后世很多帝王一样，秦始皇对自己的陵墓也很看重，尤其是陵墓所处的位置。骊山一面靠山，三面环水，而"依山环水"正是古人眼中绝佳的"风水宝地",所以对于渴望万古长存的秦始皇来说,骊山最终成为他修建陵墓的最佳选择。

然而,这陵墓一修便是30多年,甚至到秦始皇去世时还未完全竣工,整个工程动用的人力和物力更是难以想象。据说,修建秦始皇陵时,征集的人力最多时达70多万。

秦始皇陵规模宏大,单是陵园占地总面积就有210多万平方米,相当于三个故宫的大小。其整体呈南北长、东西窄的长方形,由内外两城相套,并且内外垣墙每边都有门。在内城里面最引人注目的是一个高似小山的坟丘,坟丘下面便是放置棺椁和随葬品的地下宫殿。

据司马迁《史记·秦始皇本纪》记载,地下宫殿里放满了奇珍异宝,墓室内的要道机关装着带有利箭的弓弩,盗墓的人一旦靠近就会被"万箭"射死。墓室里还注满了水银,象征江河湖海;墓顶镶着夜明珠,象征日月星辰;墓室里用人鱼膏燃灯,以求长明不灭。

可惜的是,秦始皇陵完工后没几年,大秦帝国便迅速覆灭了。项羽率领起义军进入关中后,为了泄愤,一把大火烧毁了秦始皇留下的所有宫殿建筑。至于秦始皇陵,也没能躲过一劫,当时地面上的建筑几乎都遭到了破坏。

但秦始皇陵的劫难并没有因此而结束,从秦朝覆灭到中华人民共和国成立的两千多年间,又相继发生过多起盗掘秦始皇陵事件。时至今日,这座帝王陵墓原来的地面建筑早已没了痕迹,只剩下那个高高的封土堆。

幸运的是,秦始皇陵的地面建筑虽然没有保留下来,但其核心建筑地下宫殿现在依然完好无损。当然,地下宫殿之所以没被盗掘,并不是因为古代盗墓者心慈手软,而是因为他们实在是有心无力,毕竟地下宫殿所处的位置距离地面太远了。不夸张地说,如今的秦始皇陵仅凭地下宫殿以及周边的陪葬坑,依然能当之无愧地成为世界上最大的地下陵墓。

中华人民共和国成立后,为了更好地保护秦始皇陵,国务院在1961年将它正式列为全国重点文物保护单位。那时,人们对秦始皇陵的了解大多源自古代文献的记载,实物证据并不多,但是,一个偶然发现彻底改变了这种局面。

1974年3月的一天,在秦始皇陵封土堆东侧约1.5千米处,一位当地农民打井时无意中挖出了几个破碎的陶人。那个农民不会想到,这一挖竟然挖出世界第八大奇迹——秦始皇兵马俑。

秦始皇兵马俑简称"秦兵马俑"或"秦俑",它们是一尊尊用陶泥烧制成战车、战马、士兵形状的殉葬品。原来,在秦始皇看来,自己虽不能统治天下千秋万代,但死后仍要掌握大权。他为了巩固自己的至尊地位,硬是带了"千军万马"为自己陪葬。

从身份地位上来看,秦俑里的人俑主要分为军吏俑与士兵俑。其中,军吏俑有低级、中级、高级之分,而士兵俑又可根据兵种分为步兵、骑兵、车兵等。它们大多和真人一般大小,并且表情丰富、千人千面。大多数人看到这些秦俑都能很快觉察出它们之间的不同。

在刻画精细度方面,人俑更是达到了不可思议的程度,有的甚至连鞋底的针脚、铠甲的编缀方式、双眼皮、掌面上的掌纹等都能看得一清二楚。

与人俑相比，秦俑中车马俑的数量虽然相对较少，但整体规模依然称得上"宏大"二字，它们与人俑一起共同组成了一支斗志昂扬的"地下军队"。

关于秦始皇兵马俑，有一件事必须澄清一下。人们现在去西安参观秦俑时，可能会发现它们几乎都是土灰色的。其实，这根本不是秦俑本来的颜色。据专家们介绍，完工后的秦俑起初的色彩是艳丽的，但它们毕竟在地下被埋藏了两千多年，再加上出土后周围环境变化，导致其身上大部分彩绘脱落，只剩少量残留。

研究人员通过对已出土的陶俑彩绘颜色进行统计和分析得知，秦俑的颜色种类远比人们想象中的丰富。就拿其中的兵吏俑来说，它们上衣的颜色有粉绿、朱红、枣红、粉红、天蓝、白色等，并且领、袖、襟边等地方也镶有彩色；裤子也

有红色、天蓝、粉紫等颜色之分。从中可以看出古代工匠们的技艺是多么高超，真是令人叹为观止。

从1974年兵马俑现世至今，考古人员已在秦始皇陵区相继发现了数百个陪葬坑。其中，除了大家熟知的几个兵马俑坑外，还有很多具有重要研究价值的陪葬坑，比如铜车马坑、珍禽异兽坑、马厩坑等。

1980年，考古人员在局部试掘铜车马坑（位于秦始皇陵封土堆西侧）时，在一木椁内出土了一前一后纵向放置的两乘大型铜车马。

铜车马主体为青铜所铸，一些零部件为金银饰品。整个结构大小相当于实物结构的二分之一，无论是车、马，还是上面的铜人俑及伞盖都刻画得惟妙惟肖，甚至里面的各种链条仍转动灵活，门、窗也能开闭自如。

这两乘铜车马是20世纪考古史上发现的结构最复杂、形体最庞大的古

代青铜器,所以它们被人们誉为"青铜之冠",也是中国不允许出境展示的国宝文物之一。

1987年,秦始皇陵及兵马俑坑被联合国教科文组织列入《世界文化遗产名录》。不过,它给人类带来的震撼远远没有结束。后来文吏俑坑的发掘,再一次刷新了人们对秦始皇陵的认知。

原来,秦始皇除了拥有庞大的"地下军队"外,还有大量的"地下文官集团"。也就是说,在秦始皇的地下世界里,文臣武将具备,国家机器一样都不少,他完全可以在死后的世界里继续驰骋疆场、指点江山。

当然,秦始皇陵陪葬坑中除了军队、法院、官僚等,也不乏休闲活泼的元素,毕竟作为一个皇帝,不可能每天都处于紧张的工作状态。其中最具代表性的,便是百戏俑坑。

那里出土的人俑一改兵马俑的肃杀气氛,很多人俑都是仿照当时杂技表演者的姿态烧制的。例如,上身裸露下着短裙的扛鼎俑、左臂疑似拿着一根竿状物的持竿俑等。它们形态各异,有的还带有"啤酒肚",十分有趣。

这些人俑代表了古代泥塑艺术的顶峰,为中华民族灿烂的古老文化增添了绚丽的光彩,在世界艺术史上写下了光辉的一页。

近年来，随着考古人员对秦始皇陵陪葬坑发掘工作的深入，人们对那个两千多年前的朝代有了很多新的认识，出土的文物也以实证材料的形式向世人展现了真实的秦代生产力水平。可能很多人觉得单是发掘陪葬坑还不够，应该试着发掘秦始皇陵的核心主墓——地下宫殿，毕竟无论是在史料里还是传说中，地宫内的东西都足以令人浮想联翩。

其实，对于何时发掘秦始皇陵地宫这个问题，一直以来都是个热门话题，有的人认为秦始皇陵永远不会被全面发掘，有的人则认为秦始皇陵地宫早已经被偷偷发掘，其内部的秘密将很快大白于天下。

事实上，由于秦始皇陵规模宏大且在中国人心目中占有特殊地位，它的全面发掘势必会是一个系统工程。也就是说，除了科技条件限制外，地宫的发掘还得充分考虑到政治、经济、文化等各个方面的因素，人们如果想要窥见秦始皇陵的全部面貌，只能耐心等待，甚至还要付出几代人的努力。

总之，秦始皇陵是中国古代劳动人民留给后世的一份巨大宝藏，我们有责任、更有义务守护好它。

地下"军备库"

众所周知，军队要想保持战斗力必须配备有合适的武器。那么，秦俑除了手中现有的武器外，有没有专门的"军备库"呢？对于这个问题，想必很多人都感兴趣。

其实，这个疑问早已解决。在兵马俑坑附近，考古人员发现了一个面积为13000多平方米的巨大地下"军备库"，里面堆放着上千件石质铠甲和头盔，还有不计其数的兵器。

这些装备打造精良，战服的设计工艺十分先进，不仅满足实战的需要，还兼顾了美观。由此看来，生前死后都要统领天下，或许是秦始皇的梦想！

0：最不可或缺的数字

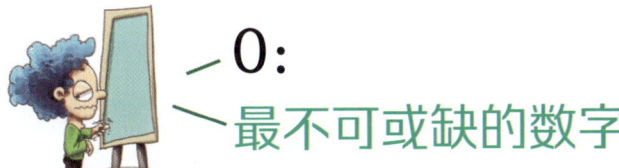

很多人小时候初学阿拉伯数字时常会借助一些儿歌来加强记忆，比如广为流传的《数字歌》——"1像铅笔能写字，2像鸭子水中游，3像耳朵能听话，4像红旗迎风飘……"但是，你知道吗？人们现在广泛使用的阿拉伯数字并不是阿拉伯人发明的，它真正的创造者是古印度人。当时，这些数字首先传播到了阿拉伯，后来又由阿拉伯人传播至全世界，于是人们便以为它们是阿拉伯人发明的，并将其称为"阿拉伯数字"。

在"0"至"9"这十个阿拉伯数字中，"0"虽然出现的时间最晚，但其重要性是其他数字无法替代的。也许在很多人眼里，数字"0"就是一个"穷光蛋"，它代表着一无所有。但是，如果少了它，我们的生活可就乱套了！对于那些大的数字来说，若是少了一个"0"可是会带来巨大的差异呢！就拿一亿来说吧，如果在一亿的尾巴上漏掉一个"0"，那数值就变成1000万，足足少了9000万呢！"0"对于从事会计工作的人来说更是至关重要，如果一不小心，少记了一个"0"或者多记了一个"0"都可能会让企业遭受巨大的损失！

除了用来记账外，"0"还有很多用途，它在不同的场景中也代表着不同的含义。例如，我们学习中常用的三角板、直尺上的"0"表示的是测量起点；温度计上的0℃则是零上温度和零下温度的分界点。即便从外观上来看，"0"也是一个有魔力的数字，有人觉得它像鸡蛋，有人觉得它像足球，还有人觉得它像宇宙中的恒星。总之，"0"是一个不折不扣的百变数字，

著名思想家恩格斯也曾在《自然辩证法》一书中指出:"0不只是一个非常确定的数,它本身比其他一切被它所限定的数都更重要,事实上,0比其他一切数的内容都更丰富。"

如今,数字"0"虽然被人们应用到了生活中的方方面面,但关于它的起源仍然无法确定。人们只知道,在很久以前,古印度人是用空格来表示空位的,但为了避免看不清带来的麻烦,他们便在空格上加了一个小点,后来这个小点就发展成了"0"。

然而,现有资料表明,被广泛认可的有关"0"的最早记载应该是在9世纪。人们在印度的瓜廖尔发现了一块刻有数字的石碑,上面提及的"270"以及"50"与现代的数字几乎没什么差别,外观上稍有不同的只是石碑上的"0"比较小,而上面的日期转换后为公元876年。

中国从7世纪起开始使用"空"字来作为零的符号,后来又改用圆圈"〇"。大家现在普遍使用的阿拉伯数字"0"是在13世纪传入中国的,而当时中国使用圆圈"〇"已有一百多年的历史了。"0"传入中国后,深受百姓欢迎,甚至还一度被称为"金元数字",即极为珍贵的数字。

不过,"0"起初并不能单独使用,直到7世纪初,印度天文学家和数学家葛拉夫·玛格蒲达才率先将它描述为独立的数字，并赋予其意义。他是这样描述"0"的性质的：任何数乘"0"是"0"，任何数加"0"或减去"0"得任何数。从那时起，"0"开始正式参与数字运算。

数字"0"的出现大大方便了人们的生活，按理说它应该会得到各地人们的青睐。但是，在公元前15世纪的欧洲，它却引起了人们的困惑，成为人们眼中的"魔鬼数字"。这到底是怎么回事呢？原来，当时西方人认为所有数字都是正数（大于零的数），而"0"这个数字会使很多算式和逻辑不能成立。这样一来，"0"就挑战了西方人的理论经验，它就像是一根无形的导火线，引爆了西方的学术界。

据说，当时有一位年轻的罗马学者从印度记数法中发现"0"后兴奋不已，逢人便说："印度人真聪明，这个办法真好！"他还专门对印度人使用"0"的方法进行了详细的介绍，希望更多人了解这个神奇的数字。他以为大家会欣然接受"0"，谁知，罗马教皇为了维护自己的统治地位，竟判定"0"是"异端邪说"，并下令禁止使用，那位学者也被抓了起来，惨遭酷刑。

但不管怎样，事实最终证明，科学就是科学，任何神创论都是站不住脚的。罗马教皇虽然凭借强大的权力让先进知识的传播一时受挫，但最终还是无法抵挡时代前进的步伐。由于"0"

以及其他几个阿拉伯数字比当时的罗马数字更方便计算,越来越多的商人宁愿冒着受罚的风险,也要在贸易活动中使用它们。当地政府则与商人的态度截然相反,他们对阿拉伯数字讳莫如深。至于数字"0",更是被视为头号"敌人"。

1299年,意大利的佛罗伦萨明令禁止使用所有的阿拉伯数字,并给出了一个冠冕堂皇的理由:阿拉伯数字太容易被人为篡改了,比如数字"0"只需轻轻添加一笔就能变成数字"6"。

然而,即便如此,意大利的商人们仍然不肯放弃使用阿拉伯数字,甚至还利用这些数字编写加密信息。结果,在商界的巨大压力下,意大利政府只得服软,承认阿拉伯数字在本国的合法地位。很快,包括"0"在内的阿拉伯数字及其使用方法便在欧洲迅速传播开来,最后传遍了整个西方世界。

"0"是世界上公认的最重要的数字,它的许多奇妙特性在很多年前就已被应用于数学的各个领域。然而,世界上没有事物是十全十美的,神奇的数字"0"也不例外。由于"0"的性质比较特殊,所以它一旦进入某些数字场合,势必会引起计算混乱。为此,在整个数学王国中,人们给"0"划了很多禁区。例如:分数中的分母不得为"0";任何数除以"0"即无意义;指数的底数不可为"0"……

在给"0"设定好必要的禁区后,这个数字便开始真正融入数字家族的生活。到了20世纪,随着电

子计算机的发明与应用,"0"也像其他阿拉伯数字那样开始参与各类软件和操作系统的编制。"0"从出现到被人们普遍使用至今已有一千多年了。在这漫长的时间里,有人将其视为"金元数字",也有人将其视为"魔鬼数字",但不论人们如何看待它,"0"都是一个不可或缺的数字。

"0"是一个原点,代表着新的开始;"0"也是一个句号,应该停的时候就要停下;"0"还代表着空空的容器,等待我们去装填……关于"0"的想象实在是太丰富了,"0"就是这样无处不在,给我们的生活带来种种可能。

"可怕"的零

20世纪末，美国的"约克城号"导弹巡洋舰就曾因为一个小小的数字"0"而险象环生。

那是1997年9月下旬的一天，"约克城号"导弹巡洋舰像往日一样离开海岸执行任务。谁知舰艇刚启动没多久，便在一阵剧烈震动后停滞不前，直接在海水里熄火（引擎突然停止工作）了。险情出现后，工作人员花了几个小时才将紧急操作系统与引擎重新连接完毕，让"约克城号"艰难地驶回港口。

经过一番仔细的故障排查，工程师们发现是新版的引擎控制软件出了问题。原来，在这个软件内部代码里存在着一个本该移除的"0"，而先前的工程师没有察觉到，结果这个"0"成了一颗隐藏在代码海洋中的"定时炸弹"，当控制软件将它读入内存时，一场事故便发生了。最后，工程师们又花了足足两天时间才将那个罪魁祸首"0"找出来移除掉，并修整引擎，令"约克城号"重回战斗状态。在这场事故发生之前，估计谁都没想到一个小小的"0"竟然会有那么大的破坏力。

 # 悬空寺：
世界上最精巧的设计

相传，很久很久以前，在西亚地区有一个名为巴比伦的王国。该国的国王为了取悦自己的王妃，让人修建了一座规模宏大的阶梯型花园。花园内种满了奇花异草，还开辟了灌溉用的水道。由于花园比周围的建筑高很多，远远望去，让人感觉整个花园仿佛悬挂在空中，因而被称为"空中花园"，又叫"悬苑"。看到的人无不啧啧称奇，感叹这仙境般的美景。

可惜的是，这座"悬苑"因年代久远，早已不复存在。不过，"空中建筑"并非巴比伦独有，中国至今还保存着一座建于1500多年前的"空中楼阁"，它便是举世闻名的悬空寺。

悬空寺位于"五岳"之一的恒山脚下。它始建于北魏太和十五年（公元491年），从外观上看属于古代栈桥式悬壁寺庙建筑。据说，南北朝时期，北魏皇帝突发奇想，打算在北岳恒山建造一座上不连天、下不接地的寺院，以表示自己对上天的虔诚。为此，他在全国发布诏令说：谁能建造出该寺谁就会受到重赏。很多能工巧匠听闻这个消息都认为"空中楼阁"是根本不可能实现的。然而，有一位工匠不这么认为，他通过仔细观察，很快从蜘蛛结网中获得了灵感。

这位工匠提出，如果在悬崖峭壁间用绳索一端系在山峰上，另一端系在人的腰间，然后敲石凿孔，插木为梁，在梁端支柱，柱上搭板，这样在板上肯定可以建楼。最后，凭借着巧妙构思，悬空寺真的被建造了出来。

从悬空寺建成到现在的1000多年间，有无数文人墨客慕名前去观光参拜。其中最广为人知的人物恐怕要数"诗仙"李白了。

据史料记载，唐开元年间，李白在山西太原游览一番后，曾专门到雁门一带攀登恒山。据说，他进入金龙峡后，立即被峡内峭壁上的悬空寺深深地吸引住了。

面对如此巧夺天工的建筑，李白本想为其吟诗一首，但左思右想竟一时找不到合适的诗句。于是，他大笔一挥，在悬空寺外的峭壁上题了"壮观"二字。

仔细观察那两个字,你会发现其中的"壮"字竟然多了一个点。这是为什么呢?难道闻名天下的大诗人李白也写错别字不成?原来,当年大诗人李白在写下了"壮观"二字后,仍觉得这两个字还不足以体现悬空寺的气势,就特意在"壮"字上多加了一点。

不过,对于此事还有一种更具浪漫色彩的解释。据说,李白当年参观悬空寺期间,曾在此喝得酩酊大醉,而那"壮观"二字就是他醉后所题。第二天酒醒后,李白也发现了"壮"字多写了一画,但作为大诗人又不太好意思承认写错了,于是灵机一动,就对周围的人解释说自己是故意多写一画的,意思是悬空寺比壮观还要多一点。

千百年来,悬空寺除了留有诸多文人墨宝外,还诞生了一些神话传说。相传,悬空寺落成后,其对面的山上也曾建

有一座寺庙，名为白马寺。白马寺规模不大，再加上所处的位置山高坡陡，因此香火并不怎么旺盛。不过，好在出家人也不太在乎这些。就这样，两座寺院相安无事地存在了好多年。

直到有一天，白马寺迎来了一位新主人——白马法师，两座寺院就此开始有了嫌隙。原来，白马法师虽然是一位和尚，但嫉妒心极强。他见悬空寺香客满门，而自己的寺庙却门可罗雀，于是心生不满。

有一天，他趁悬空寺山门未开，就作法让山下的河流发起了大水。大水的水势异常凶猛，像怪兽一样直扑悬空寺。当时，悬空寺里住着一位静悟道长，他正安静地打坐，突如其来的水声打断了其修行。

不过，静悟道长并没有被凶猛的水势吓倒。只见他坐在原位，口中念念有词一番，外面冲向悬空寺的大水竟然退了下去。白马法师岂肯善罢甘休，他见状立即拿起拂尘对着大水一挥并喝道："起！"大水又像猛兽一般，直扑悬空寺，但无论水势多猛，大水在静悟道长的阻止下始终和悬空寺保持着一定距离。

白马法师见斗不过静悟道长，气急败坏之下，竟将大水引向了旁边的浑源城，使浑源城部分百姓遭了殃。静悟道长见白马法师伤及无辜，便打算好好教训一下白马这个佛门败类。于是，他对着天空召来一只巨大的黑鹰。只见黑鹰用翅膀一扇，白马寺顿时大火滔天，顷刻化为了灰烬。

白马法师见黑鹰如此厉害，自知不是对手，慌忙向空中逃去。逃跑前，他又从山下抽出一股水柱向黑鹰的洞穴攻去。不过这水柱到达黑鹰洞时已经没有什么破坏力了，只把洞内的碎石、泥渣冲洗了个干净。

如果你到悬空寺游玩，走进唐峪口半里地抬头仰望，还能看到半山上有一个洞，相传那就是黑鹰洞。

悬空寺现存大小殿阁40座，铜铸、铁铸、泥塑、石雕造像80余尊。寺宇布局紧凑，气势宏大。从远处看，悬空寺好像一座玲珑剔透的精致浮雕，镶嵌在万仞峭壁之间；走近看，整座寺庙又有一种凌空欲飞的气势，正如明代著名旅行家徐霞客所言，是名副其实的"天下巨观"。

至于木制的悬空寺为何能千年不倒，除了历朝历代都对其进行修缮之外，还与悬空寺所处的精妙地理位置有关。

悬空寺处在深山峡谷的一个小盆地内，高挂在悬崖间，即使山下洪水泛滥也不会威胁到这里。虽然随着时间的推移，山下的河床曾因淤泥堆积抬升了很多，但悬空寺距离地面最近时依然有几十米。

另外，寺庙正上方的山峰恰好有一片突出的石壁，仿佛一把大伞为寺庙挡住了雨水的冲刷。四周连绵的大山也像一道屏障，减少了阳光的照射。这得天独厚的地理优势不能不说是悬空寺得以保存千年的一个重要原因。

1982年，悬空寺被中国国务院列入全国重点文物保护单位。经过一番修缮和开发，如今的悬空寺成为"恒山十八景"中"第一胜景"，每年都吸引着成千上万的游客前去参观游览。

不过，由于悬空寺空间有限，所处的位置也比较特殊，所以如果你有机会去那里，一定要注意文明出行，好好保护这个优秀文化建筑遗产噢！

"悬"得神奇

众所周知,悬空寺所在区域一直都流传着这样一句俚语:"悬空寺,半天高,三根马尾空中吊。"这句话说的就是悬空寺临渊的险峻和设计的精妙,不然它也不会被称为与比萨斜塔齐名的建筑了。

从外观上看,很多人都会想当然地认为悬空寺是靠下方十几根碗口粗的木柱支撑的,但事实并非如此。据说,在悬空寺建成的时候并没有这些木柱,考虑到很多人会因为看不到支撑物而心中恐惧,才特意安置了这些木柱。换句话说,悬空寺下面的木柱只起装饰作用而已,根本不承重。

既然一眼可见的木柱不是主要支撑物,那其背后肯定还有玄机。实际上,悬空寺真正的重心支撑在坚硬的岩石里。古代能工巧匠们利用力学原理半插飞梁为基,给了整座建筑稳固有力的支持。飞梁所用的木料也非平常之物,全都是当地特有的铁杉木,还用桐油浸过,因此可以长时间防蛀防腐。

更为奇妙的是,整个悬空寺都是依山砌屋,没有后墙,就连很多塑像也是与山石浑然一体。

"悬空寺"名字的由来

悬空寺最初的名字叫"玄空阁"。据说,"玄"字取自中国道教教理,"空"字则来自佛教的教理。不过,由于整座寺院看起来就像悬挂在悬崖上,于是后人们就索性将其名字改为"悬空寺"。

从建筑面积上来看,悬空寺的占地面积仅100多平方米,但是实际使用面积却多达600多平方米,真是"麻雀虽小,五脏俱全"。普通寺庙有的布局悬空寺全都有,如山门、钟鼓楼、大殿、配殿……不同的是,悬空寺因地制宜,充分利用峭壁的自然状态进行布置,在狭小的空间中创造出布局紧凑、别出心裁的立体感,是当之无愧的建筑瑰宝。

骨笛：
世界上最古老的乐器

"请你在最短的时间里说出五种乐器的名称。"面对这样的问题，即便是五音不全的人，想必也能很快做出回答。不过，如果继续提问："哪种乐器出现的时间最早？"估计就没多少人知道答案了。

当前考古资料显示，学术界普遍认为骨笛是世界上最古老的乐器。

骨笛是笛子家族的一员，通常是用鹫鹰的翅骨或丹顶鹤的腿骨制作而成。由于制作材料特殊，骨笛并不像现在的竹笛那样，规格统一、批量生产。它们不仅长短不一，在粗细方面也各不相同。

不过，这并不影响骨笛在乐器界的地位。相关资料表明，骨笛曾长时间流行于中国的西藏、新疆、青海、甘肃等地。时至今日，中国某些少数民族如藏族、塔吉克族、柯尔克孜族等仍将骨笛作为一种传统乐器用于演奏。

骨笛的历史十分悠久，以至于没有人能准确地说出它的"出生时间"。随着骨笛的不断出土，它的"出生年月"被一次又一次刷新纪录。如今，人们还只能用一个词来形容它，那就是"古老"。

早在原始部落时代，骨笛可能就已经得到广泛使用了。想象一下，在一个月明星稀的夜晚，某部落里突然响起了一阵骨笛声,笛声宛转悠扬,一位少女情不自禁地舒展歌喉,周边的鸟儿、青蛙等也被这天籁般的声音所吸引,纷纷参与其中,这是一个多么和谐而美好的场景啊!

骨笛虽然看起来简陋,似乎不需要花太多的心思去制作,但简单的事情往往有其复杂的一面。例如,要想把骨笛上的那些音孔打磨得细致圆整,就不是一件容易的事,稍有不慎就可能把整支骨笛给毁了。可工具简陋的原始人类却做到了,他们制作的骨笛光滑细致、孔洞圆润,让人啧啧称奇。此外,他们还能精确计算出每个音孔的位置呢!

按照制作材料的不同,骨笛一般分为鹰骨笛和鹤骨笛。其中,鹰骨笛比较

罕见，历史也更为久远，甚至久远到人们都不清楚它是如何出现的。关于鹰骨笛的来源，或许我们可以从古老的传说中窥见一二。

很久以前，在中国西部的帕米尔高原（古称葱岭），生活着很多勤劳勇敢的塔吉克人。他们主要以狩猎为生，为了方便狩猎，家家户户几乎都养有一两只猎鹰。猎鹰对于当地人来说，就像忠诚的猎狗一般可靠，不仅可以帮忙狩猎，晚上还能替主人看家。因此，塔吉克人都很爱护自家的鹰，并将它们视为最忠实的朋友。

塔吉克人的猎鹰与普通的鹰不一样，它们都是清一色的兀鹰，不仅飞行能力出众，而且狩猎时快、准、狠。可以说，只要猎人指挥得当，兀鹰几乎百发百中。再加上当时的帕米尔高原生活着很多野生动物，所以塔吉克人应该是不愁温饱问题的。

然而，大家有所不知，当地除了普通的塔吉克人外，还生活着大大小小的奴隶主。他们为人刻薄、势力强大，强行将帕米尔高原瓜分划片，并规定凡是在自己领地打猎所得必须上交，然后由奴隶主分配。结果，大多数塔吉克人虽然勤勤恳恳地狩猎，但在奴隶主的剥削下依然过着贫苦的生活。

相传那时在帕米尔高原的达卜达尔山谷里生活着一个年

轻猎人,他的名字叫娃发。娃发家有一只祖传的兀鹰,据说是他爷爷小时候豢养的,传到娃发时已有近百岁了。别看这只兀鹰年龄大,但捕起猎物来一点儿也不含糊,别说是普通的野兔、羚羊,即便是黑熊,它也能轻松地捕获。娃发家的这只兀鹰还拥有超凡的视力,几十米外的小鸟小雀也躲不过它的眼睛。因此,周围的猎手都称娃发家的鹰为"兀鹰之王",也就是鹰王。

然而,即便有鹰王帮忙,娃发的生活依然过得不怎么样。他身上穿的是略显陈旧的粗布衣,吃的是当地奴隶主施舍的残羹冷菜。有时候,娃发即便猎到了一只羚羊,分到手中的也只有几根羊骨头。

也许有人会说,捕到猎物后为什么不自己藏起来,非要上交奴隶主呢?大家有所不知,奴隶主为了方便盘剥百姓,常常会派人暗中监视,一旦发现哪个猎手暗中私藏猎物,就立即让手下将其抓去痛打一顿。娃发的父亲就因私藏猎物丢了性命,而这也成了娃发心中难以抹去的痛。但愤恨不平之余,他依然不得不在奴隶主的压迫下艰难地生活。

一天,娃发在打猎回家的途中,又情不自禁地想起了父亲的悲惨遭遇,心中顿时五味杂陈、悲痛难忍。于是,在深山野谷里唱起了这样一段充满悲伤与控诉的歌声："塔吉克奴隶啊，像天边坠落的星星。凶狠的奴隶主啊！残酷无情，冷硬的心肠，像慕士塔格冰峰。塔吉克奴隶啊！难道永远是天边将要坠落的星星？"

歌声充满了哀愁，连鹰王听了也收起双翅停在了娃发的肩上，似乎在安慰主人。从那天起，娃发做了一个决定：如非必要不再狩猎。反正辛辛苦苦打来的猎物都会被奴隶主抢去，那还不如不干，谁都别想得到猎物！

不过，当地的奴隶主可不会任凭娃发"破罐子破摔"。他见娃发上交的猎物越来越少，便起了歹心，声称要把鹰王抢去为自己看家守护。娃发得知后，气得直发抖，但自己势单力薄，又没有办法对抗奴隶主及其爪牙。想到这里，娃发坐在院子里又伤心起来，他一边抚摸着鹰王一边唱道："塔吉克奴隶啊，像天边坠落的星星……"

谁知娃发刚唱两句，鹰王竟然转过头来，说起了人话："娃发啊娃发，你莫要难过。有一天我走了，你就用我身上那根最大的骨头做一支笛。有了它，你将不会再受苦；有了它，你将不会再害怕。"看到自家的鹰突然说话，娃发异常激动，但不一会儿又伤心地哭起来。兀鹰是塔吉克人的朋友，谁会舍得离开自己心爱的朋友呢?

可鹰王为了娃发,竟"嗖"的一声从娃发手中挣脱,飞向天空长鸣一声,然后撞在了院子的石壁上,当场殒命。娃发见状,急得嚎啕大哭起来,直至深夜仍止不住泪水。伤心过后,他想起了鹰王的遗言,觉得无论如何都不能让自家的鹰白白牺牲。于是,娃发含着泪抽出鹰王翅膀上最大的一根空心骨头,做了一支鹰骨笛,并为其起名"那依"。

几天后,奴隶主见娃发不主动上交鹰王,便领了一帮打手前去索要。谁知他们还未赶到娃发家,便遭遇了一大群兀鹰的袭击。原来,只要娃发一吹响手中的"那依",成群的猎鹰就会闻声而来。就这样,在"那依"的帮助下,娃发终于号召群鹰赶

走了可恶的奴隶主。从那时起,鹰骨笛在塔吉克人之间流行起来,至今不衰。

如果说鹰王和塔吉克猎手的故事只是一个传说,那在鹤骨笛中则承载着一个真实感人的故事。

从小深爱丹顶鹤的中国女孩徐秀娟,长大后积极投身于保护丹顶鹤的事业。但令人遗憾的是,1987年9月的一天,徐秀娟在寻找一只走失的丹顶鹤时,不慎滑进了沼泽,献出了宝贵的生命。为了纪念她的英勇事迹,民族乐器大师常敦明用因病死去的一只丹顶鹤的腿骨做成了两支骨笛。据说用这两支骨笛吹响曲子会吸引丹顶鹤翩翩起舞。

就在徐秀娟牺牲的同一年,中国考古界发生了一件大事:河南舞阳县贾湖遗址出土了许多距今8000多年的骨笛。后经专家鉴定,它们是迄今为止人类发现的世界上年代最早、保存最完整、出土数量最多,且依然能演奏的乐器实物。

到了1999年,国际著名科学杂志《自然》以简讯的形式对贾湖古笛进行了报道。并且,相关工作人员还将由贾湖骨笛演奏的中国河北民歌《小白菜》乐曲上传到了互联网上。这件事在西方社会轰动一时,很多新闻媒体都对此进行了报道和转载。

进入21世纪后，随着互联网的快速发展，越来越多的人知道了贾湖骨笛的存在，中国的一些音乐家也开始尝试用骨笛演奏乐曲。中国国乐大师方锦龙就曾在2021年的河南春节联欢晚会上用骨笛演奏了一段小曲。

　　骨笛仿佛是一个神奇的时间机器，可以让现代人跨越数千年去领略远古时的音乐。它们是古人留给我们的瑰宝，也是至今活跃在舞台上的传奇！

延伸阅读

未解之谜

8000多年前的贾湖骨笛虽然时间久远，其制作工艺却达到了"出神入化"的地步。

为什么这么说呢？原来，通常情况下，弦乐器演奏家对音高的敏感度最强。小提琴演奏家对音高的敏感度通常都在7个音分以上，专业音乐工作者则在10个音分以上。而贾湖人在没有任何调音仪器的情况下，居然能制作出任何音程都不超过5个音分差的骨笛。

其中的奥秘究竟是什么？目前为止，这仍然是困扰研究者的一个未解之谜。

管风琴：
世界上最大的乐器

　　管风琴是中国大众最不熟悉的乐器之一，对于中国人来说，管风琴属于地地道道的西洋乐器。由于它构造复杂，体积相对较大，一般都被安放在教堂、剧院、音乐厅等开阔的地方。

　　早在几百年前，这种世界上个头最大的乐器就已经在欧洲普遍流行。18世纪，著名音乐家莫扎特还将其称为"乐器之王"。

　　如今，管风琴不仅拥有了"世界上最大乐器"这个称号，而且在欧洲古典乐器中还被尊为"乐器皇帝"。那到底是什么原因让它享有这样的殊荣呢？

原来，复杂的构造使管风琴拥有其他任何乐器都无法比拟的丰富而辉煌的音响效果。管风琴是个"模仿高手"，它能够模拟管弦乐队中所有乐器的声音，甚至包括很多野生动物的叫声；它音域宽广，气势雄伟磅礴，能营造肃穆庄严的气氛；它丰富的和声绝不逊色于任何一支管弦乐队，也是最能激发人类对音乐敬畏之情的乐器。由此看来，称管风琴是"乐器皇帝"一点儿也不为过。

管风琴是如何产生的？人们普遍认为，它的出现与一种名为"潘神箫"的吹奏乐器有关。所谓"潘神箫"，实质上就是一种由芦秆制作而成的排箫。

相传，多情的潘神（希腊神话中长有人身、羊足，头上有角的畜牧神）爱上了河神的女儿西琳克丝（山林女神），并对其展

开了狂热的追求。但西琳克丝不喜欢潘神,为了躲避潘神,西琳克丝跑啊跑,一直跑到了河边,向河神父亲寻求帮助。河神施法让女儿变成了一丛芦苇。

潘神赶到河边,发现西琳克丝不见了,展现在他面前的只有一丛芦苇,心里十分难过。他情不自禁地长叹一声,而恰恰此时吹来一阵微风,芦苇在风中摇曳,发出阵阵忧伤的曲调。潘神顿觉恍惚,竟意乱神迷地折了一些芦苇,编排成列进行吹奏,以慰自己对西琳克丝的思慕之情。

此后,潘神用芦秆制作的吹奏乐器便被人们称为"潘神箫"。由于"潘神箫"的发声原理与现代管风琴的发声原理很像,所以后人常常将"潘神箫"视为管风琴的"祖先"。当然,"潘神箫"的故事再怎么凄美,也只是神话传说,而管风琴真正的历史还要追溯到2000多年前。

据相关史料记载,早在公元前250年左右,古罗马就已经出现了一种水压管风琴。这种管风琴工作时,需要有人在旁边帮忙将水抽到一个储水罐中,以产生大量水汽。然后,管风琴上的装置会将这些水汽通入位于上方的那排长短不一的音管(最初由芦苇制作),进而发出乐音。每一个音管都由一个对应的键

或秆子控制，让演奏者能随时调整乐音的高低以及曲调。

水压管风琴虽然是古罗马时期最流行的乐器之一，但也有不可避免的缺点，比如启动装置太过于原始致使音响效果不好，有时候发出的声音还浑浊不清。后来，随着时间的推移，水压管风琴逐渐走向没落，取而代之的是音响效果更好、个头也更大的管风琴。

13—15世纪，出于音乐表达的需要，管风琴进入了快速发展期，并在外观上逐渐演变成现代的样子，即一个由许多音管、键盘、脚踏板以及音栓组成的庞然大物。然而，性能的提升也意味着其内部结构变得更加复杂，这也是为什么在欧洲工业革命以前，管风琴会和时钟一样被视为当时最复杂的机械装置。

据说，那时的工匠打造一架管风琴至少需要一年的时间。另外，由于机械结构过于复杂，管风琴保养起来也得小心翼翼，否则就可能导致它的某个部件出现问题，继而花费大量的时间和精力来维修。

如今，得益于社会生产力的快速发展，管风琴这种乐器在西方已极其普遍，甚至在很多普通家庭里也能够看到它们的身影。

不过，在中世纪（公元5世纪后期到公元15世纪中期）的欧洲，想要弹奏管风琴可不是一件容易的事。因为那时候的管风琴属于名副其实的贵重物品，即便是达官贵人也很难搞到一架。所以，那时候的很多音乐家都渴望自己有朝一日能坐在教堂里演奏管风琴，毕竟能触摸到管风琴就代表着无上的荣耀，足以让人回味终生。

那时的演奏者往往端坐在管风琴旁，踩着下面的脚踏板，同时看着乐谱按键盘，弹奏悠扬的乐曲。这种弹奏方式和现代

钢琴、电子琴之类的键盘乐器的弹奏方式很相似。而实际上，键盘乐器的弹奏方式确实"继承"了管风琴。换句话说，如果单从弹奏方式上看，管风琴可是当代众多键盘乐器的"始祖"，钢琴、电子琴等乐器就是它的"徒子徒孙"。

在过去很长一段时间里，要想让管风琴正常工作，演奏者必须时不时地踩一下脚踏板以提供动力。

不过，随着人类电子技术的快速发展，电子家用管风琴应运而生了。与传统管风琴相比，这种管风琴在设计上已经完全电子化，个头也小了许多，非常适合家庭使用。

再加上它们造型别致、颜色多样，所以很多人除了把电子家用管风琴视为一件优美的乐器外，还会把它们当作一种十分特殊的家庭装饰。当然，"每个硬币都有正反两面"，电子家用管风琴虽然优点很多，但在音量和音色方面还是逊色于传统的大型管风琴。

现在大家已经知道，在个头上，管风琴堪称"乐器界的巨无霸"，那么在这众多"巨无霸"中谁又是"霸主"呢？对于这个问题，估计很多小伙伴都很好奇。其实，这个问题早已有了答案。目前，世界上最大的管风琴就坐落于美国新泽西州大西洋城内的会议大厅中。

它制作于1930年，造价不菲，据说当时耗资50多万美元。众所周知，一架管风琴的大小常常与其安装的音管个数有关，而大西洋城内的这架管风琴光是用于发音的风管个数就有33000多支。另外，它的身上还装有1400多个控制音调的音栓，有19个音色区，就连键盘也多达7排。

不过，"霸主"也有"霸主"的烦恼。这架管风琴由于个头太大，普通的人力鼓风无法满足它的工作需求。所以，当时的工程师专门为其安装了一台300多马力的鼓风机。如此巨大的风压再配以数量庞大的音管，让这架管风琴拥有了无与伦比的"大嗓门"。据说，它奏出的声音宏大丰满、圆浑和谐，可以轻松传播到十几里以外。

中国虽然不是管风琴的流行地，但依然保存着许多世界著名的管风琴。例如在厦门鼓浪屿风琴博物馆中就收藏着一架古老的管风琴——"诺曼·比尔"管风琴。据介绍，它是20世纪初世界管风琴制造业的巅峰之作，原产于英国。论个头的话，"诺曼·比尔"管风琴也不算小，它高达6米，有3层键盘和32个音栓。至于音管，则多达1350根。

从时间上来看，"诺曼·比尔"管风琴已经有一百多岁了，但它至今还保存着完好的手摇风箱系统，这使得它成了目前世界上少有的既能用电力鼓风又能用人力鼓风的管风琴珍品。

延伸阅读

管风琴侠侣

随着时代的发展，现代乐器越来越注重便携性，而传统的管风琴在这方面没有太大的优势；再加上管风琴这个"乐器皇帝"十分难伺候，它的演奏难度很高，所以当代的管风琴音乐家越来越少。

然而，英国演奏家柯林·安德鲁斯与珍妮·费舍尔夫妇，从未放弃过管风琴的演奏。他们已成为古典乐坛独树一帜的"管风琴侠侣"。

在安德鲁斯看来，管风琴是世界上最浪漫的乐器，演奏它就像拥有了全世界，它那变化无穷的音色总能让他深深陶醉。

钢琴作品有很多是四手联弹，但专门为管风琴创作的双人作品则出奇的少。安德鲁斯夫妇便别出

心裁地将不少管风琴和乐队的协奏曲拿来演奏。可以说，一起演奏管风琴已成为这对夫妇生活中最平常、也是最幸福的事。

管风琴与建筑

管风琴虽然只是一种乐器，其影响力却早已超出了音乐范畴。在丹麦，工程师甚至仿照着现代管风琴的样子建造了一座规模宏大的建筑，它便是举世闻名的管风琴教堂。

这座建筑于1921年开建，历时19年，直到1940年才全部完工。整个建筑虽然没有传统教堂那样金碧辉煌的装饰，但人们只需看一眼，便能从众多建筑物中找到它，毕竟外形太像管风琴了。

另外，管风琴教堂里还放置着一架号称北欧最大的管风琴。据说该管风琴上安装有4000多个音管，其中最大的长达数米，有近半吨重，而最小的音管仅有几厘米长。

由于管风琴与教堂镶嵌在一起，所以人们只能看到众多音管中的一小部分。但不管怎样，这架管风琴还是在能工巧匠的帮助下与教堂完美地融合在了一起，最终形成一座极具特色的建筑艺术品。

毕加索：
世界上最具探索精神的画家

只要谈及西方现代派绘画的发展历史，人们就不能忽略一位西班牙天才画家，他就是大名鼎鼎的毕加索。与一生穷困潦倒、郁郁不得志的梵高不同，毕加索的一生要相对幸运得多。他是有史以来第一个活着亲眼看到自己的作品被收藏进卢浮宫的画家。

既然是画家，就免不了要谈及其画

作。不过，毕加索的画与大家常见的画有着很大的不同。如果你是初次接触他的画，第一印象可能是"杂乱无章"，估计有人还会戏言："这样的涂鸦我也会呀，不就是拿笔在纸上乱画几下嘛！"

的确，在毕加索的作品里，你甚至找不到一个传统意义上正常的人，所有的物体在他的笔下都变得"面目全非"。但偏偏在这"面目全非"的画作中，蕴含着某种微妙的联系，一切其实都井然有序。

毕加索用画笔"拼凑"起来的形象，似乎是各个角度的视像的综合体，这种画风彻底打破了自文艺复兴开始后流行五百年的透视法则对画家的限制。试想一下，要从传统的画法限制中突破出

来，需要多么丰富的想象力啊！然而，这个被后人视为绘画天才的毕加索，在童年时期一直被同龄人当作"傻小子"对待。

原来，小时候的毕加索虽然表现出了不错的艺术天赋，但在正儿八经的文化课方面却是一个"差生"。他不喜欢上课，上课对他来说简直就是折磨。所以，上课时，毕加索经常"开小差"，而这也使得他的考试成绩惨不忍睹。

有时候，毕加索的同学总会故意跑过来捉弄他，比如站在他的课桌前，逗他玩："毕加索，二加一等于几？"然后看着毕加索冥思苦想的样子哈哈大笑。当时，就连老师也不太看好毕加索，但谁又能想到，这个看起来笨笨的学生日后会成为世界级的绘画大师呢！

毕加索的童年过得并不如意，但好在他的父亲比较开明。

毕加索的父亲见儿子虽然功课学不好，但在绘画方面很有天赋，便全力支持他学习绘画，后来还让他进入美术学院就读。就这样，少年时代的毕加索在绘画的天地里找到了属于自己的快乐。

1900年，年轻的毕加索来到当时的艺术之都——巴黎，准备在此闯荡出一番事业。然而，在初到巴黎的几年里，他这匹"千里马"并没有遇到赏识自己的"伯乐"。原来，当地画店的老板为了保障销量和收益，通常只寄卖名人的画作，而初出茅庐的毕加索在巴黎并没有什么名气，甚至可以说是个无名之辈。所以，他的画作一直无人问津，卖不出去。

眼看着自己在巴黎越待越穷困，兜里也没有几个钱了，万般无奈之下，毕加索决定放手一搏。他用兜里仅有的钱雇了一些大学生，让他们到巴黎各画店去转悠，并装作要买画的样子。如果店老板询问要买什么画，这些大学生就回答说："买毕加索的画！"

当然，这些大学生们也可以主动出击，比如装作很急的样子跑到画店问："老板，你们这里有毕加索的画吗？"总之，就一个原则——营造出很多人正急于购买毕加索画作的气氛。

就这样，没过多久，全巴黎大大小小的画店老板耳朵里都充斥了"毕加索"三个字。他们虽然之前从未听说过巴黎有这么一位画家,但一个个都渴望见到这个已"如雷贯耳"的毕加索。

见时机成熟,毕加索便带着自己的画作出现在各画店老板面前,并自报家门。画店老板们一听登门造访的画家是闻名已久的毕加索,二话不说就全部接收了他的画作,毕加索因此一夜成名。

随着生活的稳定,毕加索在绘画方面的天赋得以尽情发挥,画作也渐入佳境。在他看来,画画不仅可以用画笔、颜料,还可以采用别的方法,比如用贴纸画画。当时的人对这种画法充满了疑问:"贴纸也能成为画?"没错,毕加索的确用这种方法创作出不少作品,这也就是后面绘画界鼎鼎有名的立体画法。例如在他1912年创作的名画《瓶子、玻璃杯和小提琴》中,立体画法得到了很好的展现。在这幅拼贴画上,左边的一

块报纸表示一只瓶子,那块印有木纹的纸则代表一把提琴。看似简单的绘画方法,其实需要源源不断的创造力和突破传统的勇气。

"人怕出名猪怕壮。"这句话一点儿也不假。毕加索出名以后,仿作其画的人日益增多,有的赝品甚至能骗过专业人士的鉴定。这些事虽然给毕加索带来了一些麻烦,但他从不追究,如果碰巧遇到冒充自己作品的假画,最多也只是把伪造的签名涂掉。

据说,有位画家从别处买了毕加索的油画后,不敢确定真假,便带着画找毕加索帮忙鉴定一下。谁知毕加索简单瞄了一眼,就说那是幅假画。画家听了心里很不痛快,回去后便质问卖家为什么给了自己一幅假画。

卖家也不甘示弱,信誓旦旦地说:"我发誓,卖给你的那幅画千真万确是毕加索画的。"这下子,画家也有些拿不定主意了。于是,他又拿了一幅自己收藏多年的毕加索亲手画的作品,去找毕加索鉴定。

然而,与上次一样,毕加索没仔细看就直截了当地来了句:"假的。"这下子,画家坐不住了,他不满地抗议道:"你再仔细看看,这幅画可是我当年亲眼看着你画的。"毕加索听后,耸了耸肩，回答说："是啊，但是有时候我也画自己的假画。"原来，毕加索对别人仿冒自己的假画根本不在乎，他曾说："我为什么要对这种事情小题大做呢？仿作我的画的人不是穷画家就是我认识的朋友。对于朋友，我不能太为难他们，而那些穷画家和画作鉴定专家也要吃饭吧。"

在待人慷慨大方的同时，毕加索还是一个嫉恶如仇的人。1937年4月，德国法西斯对西班牙北部巴斯克的重镇格尔尼卡进行了惨无人道的大轰炸，很多无辜的平民百姓眨眼间便命丧黄泉，战争给人类带来了无尽的伤痛。

法西斯的这一罪行在当时激起了国际舆论的谴责，毕加索也义愤填膺，决心为反对侵略战争贡献自己的力量。于是，他以该事件为题材，创作了举世闻名的油画《格尔尼卡》。这幅画以超现实主义风格描绘了西班牙小镇格尔尼卡遭德军飞机轰炸后的惨状，控诉了法西斯战争惨无人道的暴行，并表达了自己对这次事件中死去的人的哀悼。

第二次世界大战期间，巴黎曾被德军占领，而毕加索没有选择离开，反而坚定地留在了那里。当时，德军的将领和士兵还经常出入巴黎的毕加索艺术馆，不过受到的接待可不怎么好。有一次，毕加索为了抗议侵略战争，专门跑到艺术馆门口给进出的人分发《格尔尼卡》的复制品。一位德国军官见毕加索如此大胆，便指着画作说了一句带有威胁口吻的话："这是你的杰作吗？"毕加索听后，一点儿也不害怕，反而讽刺道："不，这是你们的杰作！"

1944年，毕加索加入了法国共产党。他作为一名艺术家，虽然没有亲自上战场，但依然用自己的武器——画笔，对侵略战争展开了猛烈攻击。当代人把鸽子作为世界和平的象征，正是始于毕加索。在二战期间，他曾画过很多鸽子图案代表和平。

1950年11月，为了纪念第二届世界保卫和平大会的如期召开，参加会议的毕加索又挥笔画了一只衔着橄榄枝的飞鸽。智利的著名诗人聂鲁达把它叫作"和平鸽"，并作诗一首。自那以后，鸽子逐渐被世界人民公认为和平的象征，并称之为"和平鸽"。

"艺术没有国界。"这句话在毕加索的身上也得到了印证。毕加索虽然生活在欧洲，但一直对东方的绘画艺术有着浓厚的兴趣，尤其钟情于中国的水墨画。据说，他曾专门潜心研究过中国绘画大师齐白石的作品，并且还尝试创作了200余幅水墨画。而当时中国的画家也对毕加索有所耳闻，随着"和平鸽"传入中国，毕加索的名字在中国更是变得妇孺皆知。

1956年，中国国画大家张大千在巴黎举办画展期间，想与毕加索见一面，便向旅居巴黎的中国朋友寻求帮助。朋友听说后，没敢直接答应，因为当时的毕加索声名显赫，并且年事已高，不轻易见客。张大千见朋友不肯帮忙，一气之下自己找翻译前去约见毕加索。其间，虽然出现了一些波折，但两人最终成功见面，还互赠礼物以作纪念。当时，欧洲的媒体都非常重视这次东西方艺术大师的会晤，并誉之为"中西方艺术史上值得纪念的历程"。

　　毕加索是个天才，更是一个多产的艺术家。他一生创作了近37000幅画作，直到90岁时仍然能像孩子一样探索着进行新的绘画尝试。他是当代西方最有创造性和影响最深远的艺术家之一，也是立体画派的创始人，他和他的作品在世界艺术史上占据了不朽的地位。

延伸阅读

长寿大师

与大多数艺术家相比,毕加索算是艺术界的寿星了,他在世上共度过了充满传奇色彩的92年。那么其长寿的秘诀是什么呢?

毕加索一生喜欢体育运动,每天都会去公园锻炼,这个习惯持续了几十年。另外,他还喜欢逗家里的狗玩,这样既能增添生活乐趣,还能活动筋骨,真是一举多得啊!

库利南：
世界上最大的宝石级金刚石

地球上最硬的石头是什么？对于这个问题，很多人都知道答案是钻石。当然，也有人会说金刚石。实际上，金刚石是钻石的原石，而钻石是由天然矿物金刚石雕琢而成的。换句话说，它俩只是因为加工程度不同而被人们赋予不一样的名字罢了。

那么，迄今为止，人们发现的个头最大的宝石级金刚石叫什么名字呢？看到这里，估计很多小伙伴都笑了，因为文章标题已经暴露了它的身份。

没错，这个家伙就是"库利南"。它重约3106克拉（即621克左右），体积与一个成年男子的拳头相当，跟我们平时在珠宝店里看到的钻石相比，真可谓名副其实的"巨无霸"。

与很多传说中的宝贝一样,"库利南"的发现也是一件偶然的事。19世纪末期,在南非茨瓦内的东面有一个小镇。那里有一个大农场,农场主的孩子经常和小伙伴们在里面玩耍,有时会捡到一些"闪亮的石头",而这些石头就是钻石。

可惜的是,包括农场主在内的当地人都没有意识到钻石的价值。但这一消息却让身在南非约翰内斯堡的托马斯·库利南兴奋不已。

托马斯·库利南本来是一位建筑承包商,业余时间喜欢研究地质勘探。他认为有钻石出现的地方一定存在着钻石矿藏。于是,托马斯·库利南立即动身前往农场所在地,希望能将那个农场买下来。谁知农场主是个只求平安务农的犟老头,无论托马斯·库利南怎样软磨硬泡,老农场主都不肯出售农场。

无奈之下，托马斯·库利南只能耐着性子等待。没过几年，倔强的老农场主去世了。他终于找到机会，买下了那个梦寐以求的农场，并很快正式注册了一家钻石公司，在农场所在地建立矿场，开始进行试采。

据说，1905年某日傍晚，矿场的某位员工借着夕阳工作时，不经意间发现露天矿坑内有一个闪闪发光的东西。他立即把这个发现告诉了矿场的经理威尔士。威尔士得知这个消息后，也很好奇，便走进矿坑亲自查看，并用工具把那个在夕阳下闪闪发光的东西给挖了出来。

这一挖，威尔士才发现这东西是一块不同寻常的宝石。它纯净透明，泛着淡蓝色的光，看起来非常漂亮。威尔士高兴极了，赶紧拿着这块宝石跑回办公室，与同事分享这一惊人的发现，并在第一时间通知了矿主托马斯·库利南。

起初，大家都以为该宝石应该只是一块水晶，不太可能是金刚石，毕竟它的个头实在是太大了。然而，经过一番专业鉴定后，这块宝石竟然真的是金刚石，并且品质上乘。

托马斯·库利南得知鉴定报告后，异常兴奋，立即找人仿照那块金刚石做了一些复制品送给自己的亲朋好友，并随后举办了一次盛大的庆祝公宴，对外展示这块巨大无比的金刚石。据说，当时前来赴宴的人都快把门槛挤坏了。至于发现金刚石的员工以及威尔士，也都得到了丰厚的奖励。

由于托马斯·库利南是这块金刚石的最初拥有者，所以人们就称这颗金刚石为"库利南"，并且连出土它的那个小镇也被后人改名为"库利南镇"。

"库利南"的出现震惊了整个世界，当时无数的权贵都想将其据为己有，但托马斯·库利南给出的售价没几个人能接受，因为价格实在是太高了。后来，经过无数次讨价还价，南非德兰士瓦政府成功购得这块价值连城的金刚石，随后把它当作生日礼物送给了当时的英国国王爱德华七世。

常言道："玉不琢，不成器。""库利南"要想从一块未经雕琢的金刚石变成华丽的钻石，必须经过一番"磨炼"才行。这不，为了变"漂亮"，"库利南"首先要做的就是"瘦身减肥"。人们都羡慕它的"大个头"，但正是因为个头太大，它才不得不面临"分身"的命运。

1908年,英国国王授命荷兰珠宝匠约·阿斯查尔加工"库利南"。据说,为了防止"库利南"被盗,英国国王还耍了一个小花招:表面上派出一艘英国皇家护卫舰,大张旗鼓地护送"库利南"宝石,实际上却让人拿着真物,悄悄地渡过英吉利海峡,前往荷兰的阿姆斯特丹。

荷兰工匠约·阿斯查尔见到"库利南"后,在惊讶的同时也开始苦恼起来。原来,"库利南"太大了,要想打磨成钻石,必须先将其切割成若干小块。不过,由于当时的技术水平有限,切割金刚石是一件很具风险的事情,稍有差池,这块价值连城的金刚石就会裂成一堆没多大用途的小碎片。

可能有人会觉得疑惑,金刚石的硬度在天然矿物中可是数一数二的,还会怕捶打?大家有所不知,天然的金刚石虽然硬度大(是普通钢铁的好多倍),但韧性极差,很脆。也就是说,如果用天然钻石去撞击普通铁锤,那破碎的一定是钻石。

为了保证切割万无一失,阿斯查尔用几个星期的时间专门研究"库利南"的结构纹理,并仿照它的形状和大小做了一个玻璃模型,用来试验。经过充分准备后,阿斯查尔和助手才开始正式切割"库利南"。他先用一个大钳子将"库利南"固定

住,然后将一根特制的钢楔放在"库利南"上面特定的位置,最后用力敲击钢楔,谁知"啪"的一声,"库利南"纹丝不动,钢楔却断了。

阿斯查尔脸上淌着冷汗,在紧张的气氛中,加上了第二根钢楔。他鼓足勇气使劲一击,这一次,"库利南"按照预定计划顺利裂成了两半。而此时,阿斯查尔却因为紧张过度而晕倒在地板上。

在对"库利南"成功进行初次加工后,阿斯查尔又找到几名熟练的工匠,每天加班加点地工作,设计制作了半年多,最终将其磨成9粒大钻石和96粒小钻石。这105粒钻石总重量为1063.65克拉,约是"库利南"原重量的34.25%。由此可知,金刚石在被加工成钻石的过程中得付出不小的代价，最终重量会大大减少。

在"库利南"以一化百的钻石中，梨形的"库利南1号"最重，约为530.2克拉。它被工匠们雕琢出74个面，璀璨无比。这是目前世界上最大的钻石，被称为"非洲之星"，后来被镶在英王的权杖上。第二重的钻石名为"库利南2号"，其重量为317.4克拉，整体呈方形，磨有64个面，被镶在了英王的王冠上。至于其他的钻石，则被做成了胸针、项链、耳环等精美的饰品。

纵观金刚石王国的重量纪录，世界上最大的金刚石产于巴西卡帕达迪亚，重3148克拉。单从重量上来看，它的确超过了"库利南"，但遗憾的是该金刚石属于工业用金刚石，不能用于雕琢宝石。因此，从1905年到现在，"库利南"依旧稳坐"宝石级金刚石老大"的位置，从未动摇过。

虽然在很多人看来，南非是主要的钻石产地，但其实中国也是世界上主要的钻石产地之一，并且钻石年产量达20万克拉左右，大约可以排到全球第十位。

关于中国"最大的钻石"则有两种说法。在1948年人民画报上曾出版过一则报道，介绍了"金鸡"钻石的故事。1937年秋天，山东省临沂李庄镇的一名老农去金鸡岭干活时，发现了一颗大钻石。但当时正处于战争时期，这颗钻石随后就被日军抢走。据日方公布的资料称，这颗金鸡钻石重达281.25克拉。但日方表示这颗钻石现在已经下落不明，不知道流失何处了。

而中国境内现存的最大钻石是"常林钻石"。1977年12月，在山东省临沂常林村，一个名叫魏振芳的农村姑娘在生产队干活时，无意中发现了这颗钻石，并将它献给了国家。"常林钻石"重达158.786克拉，是我国继"金鸡钻石"发现以来第二块超过100克拉的天然大钻石，是我国的重要国宝，现收藏于中国人民银行。这颗钻石晶莹剔透，成色极佳，是标准的正八面体结构，属于钻石中的极品。

钻石兄弟

"库利南"被分割前,曾有人专门对其做过研究。最后发现它并不是一个完整的晶体,而是一个大晶体的一部分碎块。所以,当时就有人推测"库利南"不是"孤身一人",应该还有其他"兄弟"。

果不其然,到了1919年,人们在普列米尔矿场又找到一颗重达1500克拉的金刚石,重量位居世界第三。由于它也是一个大晶体的碎块,并且颜色和"库利南"相似,因此有人认为它与"库利南"是由同一个大晶体碎裂而成的,它们是"兄弟俩"呢!

珠穆朗玛峰：
最高峰有了新身高

在中国西藏自治区与尼泊尔交界处的喜马拉雅山脉中段，有一座举世闻名的山峰，它是被誉为地球"第三极"的珠穆朗玛峰。说起这座山峰的名字，估计很多人都不陌生，毕竟它是"世界第一高峰"。然而，如果问到其名字的由来，可能很多人只会迷茫地摇摇头了。实际上，"珠穆朗玛"是佛经中一个女神名字的藏语音译，其整体意思是"大地之母"。怎么样？这位"母亲"的身高够伟岸吧！

珠穆朗玛峰所处的地理环境十分恶劣，在过去那里一直都被视为"生命禁区"。当然，人迹罕至的地方并不代表人们对其一无所知。早在18世纪初，中国便已经测得珠穆朗玛峰的位置,并且还将其载入清代的《皇舆全览图》,称之为"朱母朗马阿林"。后来,随着人类科技的进步,这座"世界第一高峰"被越来越多的人熟知。到了20世纪,人们开始对珠穆朗玛峰进行探险和科学考察。

不过,由于珠穆朗玛峰的个头实在是太高了,以至于在20世纪50年代以前,从未有人实现珠峰登顶目标,甚至还有不少人在攀登途中丢掉了性命。直到1953年5月29日,英国的一支探险队(两名队员)才第一次从尼泊尔境内的南坡登上珠穆朗玛峰的峰顶。至于人类首次从北坡登上峰顶的壮举,则是三名中国登山队员(屈银华、贡布和王富洲)在1960年5月25日完成的。

为什么要强调北坡和南坡呢?这是因为,珠穆朗玛峰身形巨大,就像屏风一样会影响部分冷空气的行进路线。再加上它

所处的纬度特殊，使得南北坡的气候有着显著差异，这意味着攀登时，从北坡登顶的难度相对较大。

人们攀登珠穆朗玛峰不仅是为了挑战自我，更是为了科学研究——即测量这座山峰的高度。实际上，珠穆朗玛峰的具体高度一直都是地球科学工作者们关注的重要科学问题，因为它不仅仅是一个简单的数字，而且代表着人类对大自然的探索与求知。

从国家层面来说，精准的珠穆朗玛峰高程测量成果，既是一项代表国家测绘科技发展水平的综合性测绘，又是一个国家综合实力和科技发展水平的具体体现。所以，很多国家都对珠穆朗玛峰进行过登顶测量，其中也包括中国。

1975年，中国第一次将测量觇标（一种测绘工具）竖立于地球之巅，并精准地测得珠穆朗玛峰的海拔高度为8848.13米。这一数据得到世界公认，并沿用了很长一段时间。

2005年，中国又对珠穆朗玛峰进行了一次高程测量，最后测量结果为8844.43米，并得到了联合国教科文组织承认。看到这里，想必很多人会发现一个问题，那就是珠穆朗玛峰相较于以前"矮"了3.70米，这到底是怎么回事呢？

原来，2005年的测量在精确度上要比1975年时高得多，

8844.43米是珠穆朗玛峰峰顶岩石面的海拔，其上面还有深度为3.5米的冰雪层不计入数据。然而，机灵的小伙伴会发现即便加上冰雪层的深度，2005年测得的数据也小于8848.13米。至于原因，有专家认为是全球气候变暖导致峰顶冰雪厚度变薄所致。

不过，珠穆朗玛峰所在地区的地质条件并不稳定，有时会受到强烈地壳运动的影响。例如，2015年4月25日，因尼泊尔发生强烈地震，珠穆朗玛峰地区向西南方向移动了3厘米。同年6月，中国国家测绘地理信息局对外发布的珠穆朗玛峰地区监测分析结果显示，从2005—2015年，珠峰地区向东北方向位移了40厘米，上升了3厘米。也就是说，珠穆朗玛峰的高度并不是一成不变的，会受到很多因素的影响。

2020年是人类首次从北坡登上珠峰峰顶的60周年，也是中国首次精确测定并公布珠峰高程的45周年。这一年，中国又启动了第三次人工登顶测量。估计有人一看到"人工登顶"几个字，就感觉这个测量方式太落后了，为什么不直接用卫星、直升机或者无人机来进行测量呢？

其实，这次人工登顶测量与以往不同，为了获得最精准的数据，工作人员一开始就打算综合运用GNSS卫星测量、重力测量、天文测量、雪深雷达测量、卫星遥感等多种技术。但是，其中所用到的很多仪器还需有人将其携至峰顶才行。至于直升机和无人机，它们根本适应不了珠峰高处的恶劣环境。这下子大家明白为什么要选择人工登顶测量了吧！

经过一番精心准备和训练后，中国的测量登山队于2020年4月6日从海拔5200米的大本营出发，正式开启珠峰高程登顶测量。按照计划，测量登山队员们先穿过中绒布冰川和东绒布冰川抵达海拔5800米的中间营地宿营，然后前往海拔6500米的前进营地。经过一段时间的休整，队员们再依次经过海拔逐渐升高的北坳大冰壁、一号营地、大风口、二号营地、三号营地，最后登上8680～8700米的第二台阶，前往峰顶。这听起来很简单，仿佛是在"步步为营，升级打怪"。然而，计划赶不上变化，整个登顶测量过程可谓"一波三折"。

原来，早在5月6日，测量登山队员们就从前进营地出发，开始登顶。5月8日，一行人正准备通过海拔7000多米的北坳大冰壁时，发现攀登路线上的雪比较深，很容易发生流雪风险，于是不得不掉头撤回前进营地。

起初，队员们以为只需把登顶时间延后一两日就行了。谁知天公不作美，天气状况一直没有好转，他们只能退回大本营进行休整，等待第二个登顶窗口期。

怎么还没到山顶!

5月16日,测量登山队员们再次向峰顶发起突击。如果一切顺利的话,他们将在5月22日左右完成目标。可惜的是,受气旋风暴"安攀"的影响,珠峰海拔7790米以上区域积雪过深,有些积雪深度甚至在1米以上。为了保障安全,他们不得不再次下撤,回到6500米的前进营地休整。

两次冲顶皆无功而返,这多少会让人产生挫败感,但测量登山队员们并没有因此而放弃。经过一段时间的休整,5月24日,他们又从前进营地出发,进行第三次登顶尝试。25日,当队员们行进到海拔7500米左右的大风口时,风力已经大到让人无法正常攀登。但是,为了能赶上5月27日的冲顶窗口期,他们决定继续行进,有时候甚至只能趴在雪地上缓慢前行。最终，队员们克服重重困难，终于在当天下午抵达了海拔7790米的二号营地。

大风是二号营地常客，那里的气温经常在-20℃以下。测量登山队员们刚到二号营地时，由于风力太大，他们足足花了一个多小时才把帐篷搭起来。

幸运的是，后来风力减弱，5月26日，一行人得以顺利到达海拔8300米的突击营地。经过简单休整及一系列准备工作后，5月27日凌晨，八名测量登山队员离开三号营地，向目的地峰顶挺进。当天上午11时，他们成功从北坡登上珠峰峰顶。

由于峰顶的温度常年在-40～-30℃，氧气稀薄，并不适合长时间停留。所以，测量登山队员们登顶珠峰后便争分夺秒地安装设备，进行各种测量任务。下午1点30分，登顶测量任务圆满完成，队员们开始下撤。

这次登顶测量使用了大量的国产设备和仪器，得到了历史上最高精度的珠峰高程测量成果，并填补了很多科研方面的空白。

例如人类首次完成了珠峰峰顶地面重力测量，获取了人类历史上第一个珠峰峰顶的重力测量结果。另外，在整个登顶测量过程中，中国还获取了丰富的观测数据。这些数据将为珠峰地区的生态环境保护修复、自然资源管理、地壳运动监测、气候变化和冰川冻土研究等领域提供宝贵的第一手资料。

说了那么多，大家最关心的问题可能还是测量结果，即珠穆朗玛峰现在的高度是多少？2020年12月8日，中国国家主席习近平同尼泊尔总统班达里互致信函，共同宣布了珠穆朗玛峰最新高程——8848.86米。

也就是说，珠穆朗玛峰"长高了"。另外，由于此次测量使用了大量的先进仪器和技术，与2005年珠峰高程测量相比，珠峰地区大地水准面（即海拔高程系统的起算面）的精度提升了三倍。

如今，珠穆朗玛峰这个世界之巅有了新"身高"，等再过10年，不知道它的身高又会有怎样的变化呢？到时候，人类又会用怎样的新手段去测量呢？请大家拭目以待吧！

最高峰的成长历程

别看珠穆朗玛峰现在高耸入云，连鸟儿都很难逾越，但你能想象吗，在很久很久以前，它所在的喜马拉雅山地区竟然是一片辽阔的海洋。

因为在珠穆朗玛峰上，科学家们发现了鱼龙的化石。要知道这是一种只可能存在于2亿年前的远古海洋生物。后来在白垩纪时期，随着地壳剧烈变化，亚欧板块和印度洋板块相互碰撞，致使喜马拉雅山地区因受到挤压而猛烈抬升。也正是在那个时候，曾经统治地球的庞然大物——恐龙们走向了灭绝。

原本位于海面以下的岩层开始"茁壮成长"，经过数千万年的时间，最终形成了喜马拉雅山脉，而相对于地球45亿年的漫长岁月，珠穆朗玛峰是一座很年轻的山峰，它从凸起到现在，只有6500万年而已，在地球这个"大家庭"里，它还只是一个顽皮可爱的"小孩子"呢！

被抢走的"世界之最"

珠穆朗玛峰虽然被誉为地球"第三极",但如果我说它的峰顶并不是距离地心最远的那一点,你敢相信吗?

其实,这一切都与地球的形状有关。地球的真实模样并不是大家普遍认为的完美球形,通过人造地球卫星测定,地球既不是标准的球形,也不是标准的椭圆形,而是一个南大、北小、中间鼓的"梨形"。由于珠穆朗玛峰所处的位置不怎么好,结果"大高个"站在了低洼处,被南美洲钦博拉索山的峰顶"占了便宜"。

钦博拉索山位于南美洲厄瓜多尔中部,是一座圆锥形的死火山,海拔6272米。之所以最远,是因为地球的赤道半径最大,比极半径大近21千米,而钦博拉索峰位于赤道地区南纬1°,顶峰距地心的厚度为6384千米,而珠穆朗玛峰距地心的距离仅为6382千米,比钦博拉索峰"矮了"大约2千米。当然,这并不能否定珠穆朗玛峰是"世界第一高峰"的事实。